JESUS E JOÃO CONTRA HERODES

CB080583

CÓPIA NÃO AUTORIZADA É CRIME
ABDR
ASSOCIAÇÃO BRASILEIRA DE DIREITOS REPROGRÁFICOS
RESPEITE O DIREITO AUTORAL

Dados Internacionais de Catalogação na Publicação (CIP)
(Câmara Brasileira do Livro, SP, Brasil)

Berlofa, João Paulo
Jesus e João contra Herodes / João Berlofa. –
Petrópolis, RJ : Vozes, 2024.

Bibliografia.
ISBN 978-85-326-6854-7

1. Cristianismo – Essência, natureza etc.
2. Espiritualidade – Cristianismo 3. Jesus Cristo – Biografia
4. Jesus Cristo – Ensinamentos 5. Novo Testamento
I. Título.

24-205032 CDD-232.954

Índices para catálogo sistemático:

1. Jesus Cristo : Ensinamentos : Cristianismo 232.954

Aline Graziele Benitez – Bibliotecária – CRB-1/3129

JOÃO BERLOFA

JESUS E JOÃO CONTRA HERODES

ATÉ ONDE VOCÊ ESTÁ DISPOSTO A IR?

VOZES NOBILIS

2024, Editora Vozes Ltda.
Rua Frei Luís, 100
25689-900 Petrópolis, RJ
www.vozes.com.br
Brasil

Todos os direitos reservados. Nenhuma parte desta obra poderá ser reproduzida ou transmitida por qualquer forma e/ou quaisquer meios (eletrônico ou mecânico, incluindo fotocópia e gravação) ou arquivada em qualquer sistema ou banco de dados sem permissão escrita da editora.

CONSELHO EDITORIAL

Diretor
Volney J. Berkenbrock

Editores
Aline dos Santos Carneiro
Edrian Josué Pasini
Marilac Loraine Oleniki
Welder Lancieri Marchini

Conselheiros
Elói Dionísio Piva
Francisco Morás
Gilberto Gonçalves Garcia
Ludovico Garmus
Teobaldo Heidemann

Secretário executivo
Leonardo A.R.T. dos Santos

PRODUÇÃO EDITORIAL

Aline L.R. de Barros
Marcelo Telles
Mirela de Oliveira
Otaviano M. Cunha
Rafael de Oliveira
Samuel Rezende
Vanessa Luz
Verônica M. Guedes

Conselho de projetos editoriais
Luísa Ramos M. Lorenzi
Natália França
Priscilla A.F. Alves

Editoração: Débora Spanamberg Wink
Diagramação: Editora Vozes
Revisão gráfica: Nilton Braz da Rocha
Capa: Nathália Figueiredo

ISBN 978-85-326-6854-7

Este livro foi composto e impresso pela Editora Vozes Ltda.

SUMÁRIO

INTRODUÇÃO

Você já se perguntou qual Jesus você conhece?

Qual é o recorte da vida de Jesus a que você mais teve acesso? De qual mais ouviu falar? Qual mais leu?

Pense comigo: imagine você aos 30 anos e tudo o que você já havia feito em sua vida nesse período. Qual seria o tamanho de um livro em que coubesse toda essa história?

Jesus morreu por volta dos 30 anos, e levando apenas a Bíblia em consideração, temos os quatro evangelhos que relatam a vida dele. Se juntarmos esses livros em um só, daria uma única obra de umas 300 páginas. Um livro que você lê em menos de um mês.

Quantos % da vida de Jesus temos realmente registrado?

Os evangelhos começaram a ser escritos 60 anos após o nascimento de Jesus e terminaram 110 anos depois. Numa cultura em que a escrita era muito rara, as informações geralmente eram passadas apenas de forma oral.

Temos que pensar também que os quatro homens que escreveram esses evangelhos (ou pelo menos a autoria foi atribuída a eles) eram judeus, de fala aramaica, com todo o Antigo Testamento em hebraico, mas que escreveram em grego.

Vale a lembrança de que, antes mesmo de os evangelhos serem escritos, o Apóstolo Paulo escreveu todas as suas cartas (ou pelo menos aquelas que estão no cânon bíblico) – ou seja, o primeiro a escrever sobre Jesus foi Paulo, tratando de problemas específicos de igrejas locais. Tenho o desejo de escrever sobre Jesus na perspectiva de Paulo, mas nesta obra me atento exclusivamente aos evangelhos.

Considere também que, dois mil anos depois, o que temos em mãos é a tradução em português desses evangelhos, feita a partir de várias outras traduções, as quais foram traduzidas das primeiras cópias, datadas do terceiro século, visto que de texto original não temos nenhum fragmento. Por isso a importância de, dentro do possível, voltarmos ao que existe de mais próximo dos textos originais.

E isso sem contar as interpretações desses textos, que variam de calvinismo, arminianismo, luteranismo, pentecostalismo, neopentecostalismo, e eu poderia citar mais uma centena de linhas teológicas, todas utilizando o mesmíssimo texto: a Bíblia.

Você mesmo já deve ter mudado sua interpretação dos textos bíblicos várias vezes durante sua vida. Estou correto?

Diante disso, pergunto novamente: Qual Jesus você conhece?

Qual Jesus lhe apresentaram?

Qual Jesus pula dos textos quando você lê?

Neste texto quero apresentar o Jesus que eu vejo quando leio os evangelhos. Mas obviamente, pelo tamanho do livro que está em suas mãos, não falo da vida completa de Jesus, e sim de um recorte dela.

Meu texto não foca, em nenhum momento, a divindade de Jesus, sua figura eterna, seu DNA divino nem nada desse tipo. Já temos bastante conteúdo sobre isso. Meu livro é sobre a vida de um camponês que desde muito cedo teve que fugir dos poderosos para sobreviver. O recorte que eu faço da vida de Jesus e apresento neste texto é a caminhada política e social desse homem que passou a vida lutando.

Jesus enfrentou a religião e o Estado de sua época, representados em figuras que conhecemos, como César, Pilatos, Anás, Caifás e outros que atravessaram a história dele em algum momento. Mas neste livro dou um destaque especial à trama que permeia toda a história de Jesus envolvendo os Herodes.

Sem dúvida, dentre todos os inimigos de Jesus, Herodes foi o que mais esteve presente na história dele, desde seu nascimento até a morte, incluindo a morte de seu pai e a de seu primo.

Herodes é como uma sombra da história de Jesus, e é esse recorte que ofereço neste livro.

ANTES DE JESUS

INFÂNCIA DE JESUS

VIDA ADULTA DE JESUS

PÓS-JESUS

IMPORTANTE

Recentemente assisti à série *This is us*, que apresenta a história completa de uma família: namoro dos pais, casamento, filhos, infância e vida adulta dos filhos, velhice dos pais, até a morte. Mas a história não é contada de forma cronológica, dia após dia, e isso faz com que o entendimento sobre questões muito profundas fique mais evidente. A série, o tempo todo, volta e avança no tempo, fazendo ligações diretas entre passado, presente e futuro, de maneira a mostrar o quanto as decisões do passado afetam nosso futuro.

Inspirado nesse modelo, meu texto apresenta essa dinâmica, indo e vindo na história. Por isso, preste muita atenção nas datas e nos locais que apresento no início de cada mudança de tempo. Para facilitar sua percepção de mudança temporal, cada época é representada por uma cor diferente nos subtítulos. De nada!

Dito isso, convido você a viajar comigo nessa história dramática, tensa, desafiadora e inspiradora.

Largue mão do Jesus semideus, rabino e surfista que enfiaram em sua cabeça, e expanda sua mente para a percepção de um Jesus de carne e osso, que chora, erra, fica irritado e sente ódio, exatamente como você e eu.

Por fim, nossas citações bíblicas usam como base a Nova Versão Internacional (NVI) e a tradução de Ferreira de Almeida (ACF).

O REINO DE HERODES

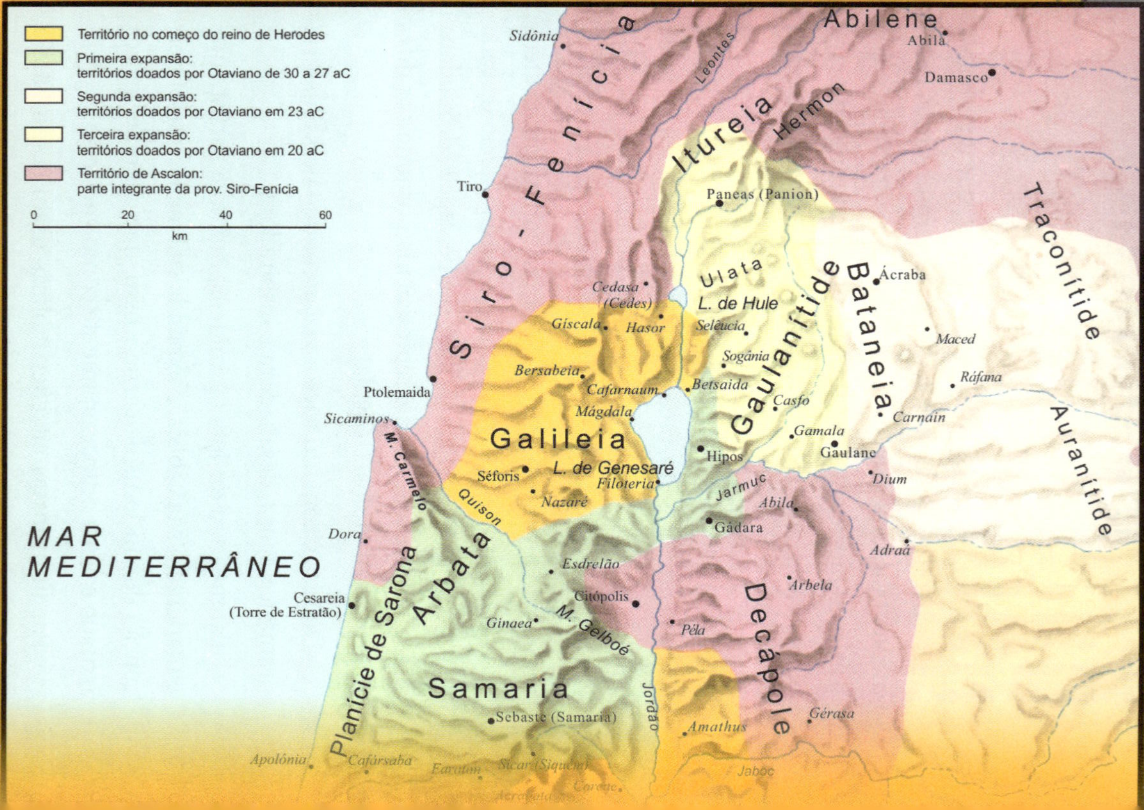

Samaria
Planície
Sebaste (Samaria)
Jordão
Amathus
Gérasa
Apolônia
Cafársaba
Earaton
Sicar (Siquém)
Coreae
Acrabata
Alexandreion
Jaboc
Jope
Jarcon
Antipátrida
Zia
Gádara
Arimateia
(Ramataim)
Tamna
Fasaélis
Pereia
Filadélfia
Lida
Modin
Betel
Aferema
Bethennabris
Bet-Horon
Jericó
Abila
Gazara
Emaús
Masfa
Samega
Jâmnia
Acaron
Betharamatha
Judeia
Cipros
Esbus
Jerusalém
Azoto
Belém
Hircânia
Mádaba
Herodium
Ascalon
Odolam
Técua
Liba
Betsur
Caliroe
Maresa
Maqueronte
Antedon
(Agripeion)
Hebron
Gaza
Adora
Engadi
Deserto da Judeia
Arnon
Idumeia
Mar Morto
Rafia
Massada
Rabata
(Rabatmoba)
Bersabeia
Elusa (Alusa, Halutsâ)
Segor
Zared
NEGUEB
Tamara
REINO NABATEU

HERODES, UM DÉSPOTA BASTARDO

CAPÍTULO 1

Judeia – 6 a.C.

No tempo de Herodes, rei da Judeia... (Lc 1:5)

Ao começar a leitura dos evangelhos, uma das primeiras informações que aparece é que há um novo rei na Judeia: Herodes o Grande.

Isso não é novidade na antiga história do povo hebreu. Reis, palácios e monarquias eram elementos comuns na história de Israel. Quando pensamos nos principais nomes do Antigo Testamento – compilado de livros que narra a história, os mitos fundadores e os sentimentos do povo hebreu –, logo lembramos de Davi e Salomão, ambos reis. Talvez influenciados por alguma novela ruim da Record, somos levados a imaginar toda essa história como uma grande fábula envolvendo palácios e realeza. Contudo, a monarquia em Israel foi sempre muito conturbada. Podemos afirmar que apenas esses dois reis, Davi e Salomão, reinaram plenamente. Todos os outros tiveram mais dificuldades para manter o trono do que para governar o povo. Até porque a ideia de um rei, de uma monarquia, foi do povo, e não de Deus.

Lembremos que o Profeta Samuel, o último juiz, leva a Deus a reclamação de que o povo não queria mais o modelo dos juízes, e sim um reinado.

> Quando, porém, disseram: "Dá-nos um rei para que nos lidere", isto desagradou a Samuel; então ele orou ao Senhor.
> E o Senhor lhe respondeu: "Atenda a tudo o que o povo está lhe pedindo; não foi a você que rejeitaram; foi a mim que rejeitaram como rei" (1Sm 8:6-7).

Embora claramente ofendido com a decisão do povo, Deus não hesita em atendê-lo, mostrando que até mesmo aquele Jeová autoritário apresentado no Antigo Testamento respeitava o processo democrático.

Isso é só para nos lembrar de que a ideia de monarquia, segundo a narrativa do Antigo Testamento, nem de Deus foi. Além disso, partindo do pressuposto de que foi o Rei Davi que idealizou a construção do grande Templo em Jerusalém, inspirado em seu próprio palácio real, podemos entender que o Templo – construído por Salomão e idealizado pelo pai dele – não tinha também nenhuma relação com a vontade desse Deus. Afinal, Ele tinha pedido inicialmente um tabernáculo, que tem como principais características:

1) simplicidade, pois era feito como uma tenda, com cordas e panos;

2) mobilidade, pois a qualquer momento, de acordo com a necessidade, poderia ser desmontado e mudado de local.

Em resumo, a história do reinado de Israel é a seguinte. Saul, o primeiro rei, foi atormentado o tempo todo pelo medo de perder o trono, já que ele não tinha sido escolhido por Deus. Depois tivemos Davi, que, segundo a narrativa, esse sim foi a escolha de Deus, do tipo "Já que vocês querem um rei, que seja esse aqui, pelo menos". Davi teve um reinado cheio de altos e baixos, mas em geral foi um rei bem-sucedido. Naturalmente, seu filho mais velho, Salomão, assumiu o trono. Ele teve mais altos e baixos do que o pai, mas concluiu seu reinado – o último integral, pois foi no reinado de seu filho Roboão que o reino de Israel começou a quebrar.

Com o reino dividido (norte e sul), Israel enfrentou a era dos exílios contra os assírios, os persas e os babilônios, que só terminou com a reconstrução do segundo Templo, e dos muros, no século VI a.C.

Com a volta de Israel dos exílios, não havia mais um rei, nem uma monarquia. Israel começou a se reestruturar, e entre os séculos V e I a.C. uma série de eventos e revoluções aconteceu. Com a falta de um rei, o sacerdócio passou a ter muita importância política, fazendo assim o sumo sacerdote ser o cargo POLÍTICO mais importante de Israel. Mas de fato não havia um rei de Israel na época de Jesus, ou pelo menos não deveria.

E agora sim começamos a aterrizar na nossa história. Como lemos no início do evangelho, nas palavras introdutórias sobre a vida de Jesus, no ano 7 a.C. a Judeia tinha um rei, e não era da linhagem de Davi, não era um sucessor natural ao trono, não era nem um hebreu. Era Herodes o Grande.

Berseba – 1782 a.C.

> Certa vez, quando Jacó preparava um ensopado, Esaú chegou faminto, voltando do campo, e pediu-lhe: "Dê-me um pouco desse ensopado vermelho aí. Estou faminto!" Por isso também foi chamado Edom.
> Respondeu-lhe Jacó: "Venda-me primeiro o seu direito de filho mais velho".
> Disse Esaú: "Estou quase morrendo. De que me vale esse direito?"
> Jacó, porém, insistiu: "Jure primeiro". Então ele fez um juramento, vendendo o seu direito de filho mais velho a Jacó.
> Então Jacó serviu a Esaú pão com ensopado de lentilhas. Ele comeu e bebeu, levantou-se e se foi. Assim Esaú desprezou o seu direito de filho mais velho (Gn 25:29-34).

Após uma longa jornada de caça, Esaú, primeiro filho de Isaac, chega de volta a casa, e seu irmão, Jacó (que depois foi chamado Israel), estava preparando um ensopado. De acordo com a cultura, o primogênito era quem herdava todas as bênçãos do pai, mas essa promessa valia menos do que um prato de lentilha para Esaú, que preferiu saciar a fome do que acreditar num mito bobo.

Bem, se é mito, se é bobo, eu não sei, mas sei que essa decisão de Esaú mudou completamente sua história e a história de todos os seus descendentes, incluindo o homem que, milhares de anos depois, se tornaria rei da Judeia à força: Herodes o Grande.

Sim, o mesmo Herodes que tentou matar Jesus ainda criança, justamente por medo de perder seu trono, trono esse que não lhe pertencia por direito, mas que estava sob seu poder.

Mas de qual direito ao trono estamos falando?

Se olharmos para a história, os edomitas eram descendentes de Esaú, que era o primogênito de Isaac, ou seja, o herdeiro por descendência.

Jesus foi colocado na linhagem de Davi, que por sua vez era da linhagem de Jacó, o qual recebeu uma primogenitura por intermédio de uma bênção vinda do campo da fé, e não do campo legal do direito. Resumindo: a linhagem de Davi recebeu o trono por uma bênção, mas, se fôssemos fazer um exame de DNA, a linhagem que realmente descendia do primogênito de Isaac seria a de Edom.

Num multiverso possível, onde Jacó não enganou seu irmão e Esaú não vendeu sua herança, o povo escolhido de Deus, do qual viria o Messias, seria o edomita. Logo, o povo de Israel, que nesse caso se chamaria apenas Jacó, seria primo distante do "povo de Deus". Nossas igrejas neopentecostais não teriam a bandeira de Israel, e sim a de Edom, e diante de uma guerra como a que vemos hoje em Gaza, os evangélicos estariam orando pela Palestina e amaldiçoando os "jacozitas".

Estou longe de tentar justificar qualquer Herodes, mas anseio que você compreenda que, quando discutimos história, estamos abordando uma intrincada rede de eventos, a qual, quando restringida a uma única visão, gera uma narrativa, que se limita a essa única perspectiva.

Na ótica de Herodes, e de toda a sua gente, eles também tinham direitos, pelos quais batalharam, e batalham, até hoje.

Voltemos à nossa linha temporal.

Judeia – 4 a.C.

> Quando o Rei Herodes ouviu isso, ficou perturbado, e com ele toda a Jerusalém.
> Tendo reunido todos os chefes dos sacerdotes do povo e os mestres da Lei, perguntou-lhes onde deveria nascer o Cristo.
> E eles responderam: "Em Belém da Judeia; pois assim escreveu o profeta" (Mt 2:3-5).

O nascimento de um possível Messias, dentro da perspectiva de Herodes, era realmente motivo de preocupação. Afinal, o que estava em jogo era o trono que, primeiro, ele tinha certeza de que era dele, ou pelo menos do seu povo. Segundo, foi conquistado por meio de muito suor e sangue. E terceiro, para mantê-lo, muito sangue ainda seria derramado, inclusive o de crianças inocentes e de seus próprios filhos.

Herodes nasceu em Ascalão, em 73 a.C., quando a Judeia estava sob controle dos asmoneus, uma dinastia judaica cujos fundadores se rebelaram contra o império grego dos selêucidas no século anterior. Quando Herodes tinha 10 anos, um general romano conquistou Jerusalém e restringiu seriamente o controle asmoneu. Antipas, o pai de Herodes, era um judeu rico, amigo de Júlio César. Roma nomeou-o governante da Judeia, e ele nomeou seu filho, Herodes, governador da Galileia. Após Antipas morrer, o senado romano nomeou Herodes rei da Judeia, e em 40 a.C. ele liderou o exército romano na conquista de Jerusalém. Outra característica que vale a pena comentar é que Herodes sempre gostou de imponentes construções, e inclusive foi ele que supervisionou a ampliação do Templo judeu em Jerusalém.

Quando pensamos em Herodes, provavelmente lembramos da história mais marcante desse crápula: o massacre dos infantes, de que falarei com mais profundidade adiante. Mas, infelizmente, matar inocentes era quase uma rotina para ele. Para você ter uma noção, pouco antes de morrer, Herodes o Grande mandou estrangular dois de seus filhos: Alexandre e Aristóbulo, herdeiros do trono. E antes disso mandou matar sua esposa, Mariamne, acusada por ele de adultério. Também ordenou que matassem seu cunhado, afogado numa piscina em Jericó, e até sua própria mãe, Alexandra. Ele matou mais da metade dos membros do Sinédrio e diversos tios, primos e outros parentes.

E seu caráter encantador era conhecido por toda aquela região. O principal historiador judeu, Flávio Josefo, chamava Herodes de monstro implacável, e o próprio Imperador Augusto afirmou que era mais seguro ser um porco de Herodes do que ser filho dele.

Então, por enquanto o que temos na nossa trama é um psicopata, bastardo, revoltado, com sede de vingança, aliado do império mais violento da história, com um poder bélico real nas mãos governando a Judeia, lugar onde entre poucos dias nasceria o nosso Jesus – uma ameaça real para o trono desse Herodes.

A pergunta é: Quem poderá nos defender?

Nesse caso, os sacerdotes e seu principal líder, o sumo sacerdote, seriam a salvação.

Vejamos como estava esse contexto sacerdotal.

AS RELAÇÕES DE PODER DENTRO DO TEMPLO

LAÇÕES D
ODER DENTR
DO TEM

CAPÍTULO 2

Lembra que falei antes que, na falta de uma monarquia, o sumo sacerdote era o cargo com mais autoridade?

Apesar de ser rei, Herodes se mantinha no trono à base de espada e acordos políticos, em um cenário de conflitos constantes e luta pelo poder, semelhante aos bastidores de Brasília.

Herodes era um rei reconhecido apenas pelo Império Romano, que foi imposto em um trono fictício. É como se o 8 de janeiro desse certo e o Bolsonaro ficasse à força na cadeira de presidente do Brasil.

Nessas circunstâncias, para exercer alguma autoridade sobre os judeus, Herodes necessitava se apoiar no sumo sacerdote.

Judeia – 27 d.C.

> No décimo quinto ano do reinado de Tibério César, quando Pôncio Pilatos era governador da Judeia; Herodes, tetrarca da Galileia; seu irmão Filipe, tetrarca da Itureia e Traconites; e Lisânias, tetrarca de Abilene;
> Anás e Caifás exerciam o sumo sacerdócio. Foi nesse ano que veio a palavra do Senhor a João, filho de Zacarias, no deserto (Lc 3:1-2).

Espero que você esteja prestando bastante atenção nas datas que coloco ao começo de cada novo trecho da história, representadas pela coloração das páginas, pois são de extrema importância.

Por exemplo, lendo o trecho de Lc 3 vemos novamente Herodes, mas agora ele é tetrarca da Galileia e se passaram 29 anos do nascimento de Jesus. Talvez você acredite que seja um Herodes mais experiente, mantendo-se no poder, mas não é isso – estamos nos referindo a um outro Herodes.

Herodes o Grande, de quem voltaremos a falar em breve, morreu por volta de 4 a.C. Ele deixou seu reino para ser dividido entre três de seus filhos que sobraram: Herodes Arquelau, Herodes Antipas e Herodes Filipe II.

Existe um erro bem recorrente em achar que Herodes é um título, como César. Mas Herodes é um nome próprio, que foi adotado por alguns governantes, todos os filhos do primeiro Herodes, causando essa confusão.

O Herodes mencionado em Lc 3, que governava a Galileia na época em que Jesus iniciou seu ministério, era o Herodes Antipas, filho de Herodes o Grande.

Jerusalém – 170 a.C.

Como já mencionei, após o exílio babilônico, a reconstrução do Templo e a volta dos hebreus para Israel, foi preciso uma revisão e uma atualização da estrutura religiosa, hierárquica e sacerdotal, pois agora os hebreus estavam "misturados" com babilônios, persas e assírios. Naturalmente, durante os exílios as pessoas interagiam, casavam-se e formavam famílias com indivíduos das outras etnias.

As leis sobre o sacerdócio eram bastante complexas e específicas, mas, em resumo, só poderiam se tornar sacerdotes homens da tribo de Levi, e o sumo sacerdócio pertencia à linhagem primogênita de Arão. Logo, não tinha negociação, não tinha votação, não tinha mérito – era uma questão de hereditariedade instituída pelo próprio Deus de Israel e fixada na Lei por Moisés.

Mas a história já nos relata que em 170 a.C. um cara chamado Jasão, irmão do legítimo sumo sacerdote, pagou propina a Antíoco IV Epífanes (personagem central do turbulento período dos selêucidas, registrado em Jerusalém entre os anos 175-164 a.C.) para ser nomeado SUMO SACERDOTE. Assim, temos o primeiro caso registrado de corrupção no Templo judaico após a reconstrução: o irmão mais novo do sumo sacerdote tomava posse do cargo (175-172 a.C.) mesmo que a Lei mosaica dissesse o contrário.

Logo após o caso de Jasão, foi Menelau, um benjamita, quem também pagou para tomar posse do cargo. Nesse caso, Menelau não era nem da tribo de Levi, e mesmo assim tornou-se sumo sacerdote de Israel (172-162 a.C.).

Os casos de corrupção dentro do Templo, e em toda a estrutura sacerdotal de Israel, só aumentaram. A partir de 37 a.C., a região foi oficialmente conquistada pelos romanos, liderados por Herodes o Grande. Logo, toda negociação, politicagem, toma lá dá cá seriam feitos entre a estrutura religiosa judaica e os governantes romanos. Por isso, o Evangelista Lucas, ao relatar a hierarquia romana, cita o pontificado de Anás e Caifás, como se eles estivessem na mesma folha de pagamento do César:

> No décimo quinto ano do reinado de Tibério César, quando Pôncio Pilatos era governador da Judeia; Herodes, tetrarca da Galileia; seu irmão Filipe, tetrarca da Itureia e Traconites; e Lisânias, tetrarca de Abilene;
> Anás e Caifás exerciam o sumo sacerdócio. Foi nesse ano que veio a palavra do Senhor a João, filho de Zacarias, no deserto (Lc 3:1-2).

Para compreender de fato a dimensão do poder de um sumo sacerdote, você precisa entender exatamente o que é uma teocracia, que, de forma resumida, é o governo de Deus sobre um povo.

A princípio, a ideia parece incrível. Imagine, o próprio Deus liderando seu povo! Que visão maravilhosa, que cena magnífica, que perfeição. Contudo, como Deus não tomou nenhuma ação para governar nada diretamente, quando mencionamos um governo de Deus, estamos falando sobre um governo de pessoas que falam em nome desse Deus.

E se há algo pior do que líderes ruins, são líderes religiosos ruins.

Então, em uma teocracia, Deus, ou quem fala em seu nome, é quem escreve as leis. No caso de Israel, Moisés foi o principal legislador, recebendo esse conjunto de legislações diretamente das mãos de Deus no Monte Sinai.

É crucial entender a amplitude da teocracia. Não se trata só de leis religiosas ou morais. Abrange também a legislação da sociedade, incluindo leis civis, religiosas e criminais. Dentro de uma teocracia não existe diferenciação entre crime e pecado: todo pecado é um tipo de crime, e todo crime é algum tipo de pecado.

Lembremos várias histórias bíblicas, como a da mulher adúltera, por exemplo, que Jesus livrou das mãos dos religiosos. Aquela mulher receberia uma pena capital, ou seja, teria a própria vida retirada em nome de Deus, por ter quebrado uma lei. Dentro daquela teocracia, o que para nós, hoje em dia, soa apenas num aspecto moralista, era visto como um crime que deveria ser pago com a própria vida.

Você está compreendendo a extensão do poder dos indivíduos que falam em nome de Deus dentro de uma teocracia?

Talvez agora você possa entender a magnitude do poder de Anás e Caifás, que ocupavam o posto de sumo sacerdote, a posição de maior relevância religiosa/política em Israel.

Outra coisa importante que você precisa compreender nesse contexto histórico é que a sociedade do Antigo

Testamento nada tem a ver com a sociedade neotestamentária. E poderíamos citar aqui vários elementos que causaram essa mudança, como a helenização de Israel e o próprio avanço do Império Romano. Mas, sem dúvida, no aspecto religioso a maior mudança foi estabelecida no século VII a.C., quando o Rei Josias promoveu uma violentíssima reforma na religião judaica.

A reforma buscou purificar a religião das influências pagãs adquiridas nos exílios nos povos vizinhos. Não só a cultura e a religião foram sincretizadas durante os exílios babilônico, persa e assírio, mas também inúmeros templos e santuários pagãos foram erguidos em Israel. O Tanque de Betesda, visitado por Jesus, é um exemplo clássico. Historicamente, era um templo ao Deus da cura Asclépio, construído no exílio babilônico.

A reforma do Rei Josias destruiu santuários antigos e queimou objetos sagrados. Também massacrou os sacerdotes ligados ao paganismo e centralizou o culto judaico em Jerusalém, no Templo, e tinha controle total sobre os sacerdotes, que, posteriormente, ficaram sob total domínio dos sumos sacerdotes Anás e Caifás.

E não eram apenas as leis que estavam sob o domínio desses homens. Era tudo!

Em um contexto litúrgico/religioso, o fluxo de entrada de dinheiro no Templo judaico era milionário, detalhes que explicarei adiante. Ocorriam sacrifícios diários de animais, câmbio de moedas e cobrança de impostos em parceria com o Império Romano. A venda de animais para sacrifício no pátio do Templo era o principal produto desse mercado religioso. Enfim, as leis, a religião e a economia estavam sob o controle do Templo judaico.

Anás e Caifás eram os cabeças de uma grande rede de milicianos em Israel, envolvendo religião, Estado, poder, politicagem e o elemento principal de todo sistema demoníaco: o povo sendo massacrado.

Então, o que observamos até agora foi o seguinte pano de fundo: a motivação de Herodes, sua proximidade com Roma e seu poder quase ilimitado. Além disso, falamos sobre a estrutura milionária do Templo judaico e as hierarquias sacerdotais corrompidas. E os sumos sacerdotes, golpistas, que tinham total domínio sobre o povo, eram justamente os "cabeças" de toda essa rede.

Com todo esse contexto posto, podemos iniciar nossa história.

UMA PROFECIA ERRADA, PORÉM ÚTIL

A PROFEC
ERRADA;
PORÉM

CAPÍTULO 3

Judeia – 4 a.C.

> Depois que Jesus nasceu em Belém da Judeia, nos dias do Rei Herodes, magos vindos do Oriente chegaram a Jerusalém
> e perguntaram: "Onde está o recém-nascido rei dos judeus? Vimos a sua estrela no Oriente e viemos adorá-lo".
> Quando o Rei Herodes ouviu isso, ficou perturbado, e com ele toda a Jerusalém.
> Tendo reunido todos os chefes dos sacerdotes do povo e os mestres da Lei, perguntou-lhes onde deveria nascer o Cristo (Mt 2:1-4).

Como mostra o trecho, Herodes recebe a notícia de que um possível novo rei judeu tinha nascido e se sente ameaçado, afinal conquistara aquele trono com muito sangue e suor. Motivado por um ódio contra os judeus, aqueles que roubaram a promessa de seu antepassado Esaú/Edom, ele não hesita em mandar matar todas as crianças de até 3 anos em toda a região da Galileia.

Agora é simples compreender por que toda a Jerusalém se abalou com a agitação de Herodes. Todos tinham consciência de sua reputação, seus procedimentos e sua força. Havia apenas 33 anos que Herodes, a comando de Roma, havia atacado Jerusalém, exterminando milhares de pessoas. Tais eventos não são esquecidos facilmente, e todos estavam cientes das histórias de brutalidade que envolviam o regime herodiano.

Neste capítulo vou fazer uma interpretação dos fatos de um modo que historicamente não temos como afirmar, mas que faz muito sentido e é possível que tenha acontecido.

Lembre-se de que, quando falamos dos evangelhos, estamos falando de textos que foram escritos dezenas de anos após a morte de Jesus. Logo, os dados passados pelos evangelistas, como datas, locais e nomes, foram frutos de pesquisa com os boatos que corriam sobre Jesus. Isso sem contar a necessidade de disputar uma narrativa de que Jesus, o Nazareno, seria o Messias aguardado.

Dessa forma, era necessário "enquadrar" Jesus dentro de algumas profecias.

Entre várias características que o Messias teria que apresentar para provar ser divino, a principal era ter descendência de Davi (o rei). Logo, ele teria que ser da tribo de Judá e nascido em Belém.

E são essas características que os evangelistas, que acreditavam que Jesus era esse Messias, tinham que "encaixar" na história de Jesus.

Um exemplo clássico disso foi o esforço que Lucas fez no roteiro de sua história para fazer Jesus nascer em Belém. Como um galileu, nazareno, camponês e pobre que se esforçava muito para ir à capital uma vez por ano prestar o sacrifício, conseguiria nascer em Belém, na capital, a 150 quilômetros de Nazaré?

Bem, Lucas encontrou uma solução:

> Naqueles dias César Augusto publicou um decreto ordenando o recenseamento de todo o Império Romano.
> Este foi o primeiro recenseamento feito quando Quirino era governador da Síria.
> E todos iam para a sua cidade natal, a fim de alistar-se... (Lc 2:1-3).

Lucas justifica o nascimento de Jesus na Judeia, e não na Galileia, usando o tal censo de Quirino, que obrigou todos os judeus a viajarem ao local registrado, para recontagem. Assim, José e Maria, supostamente de Belém, tiveram que ir à capital no oitavo mês da gravidez.

Seria irresponsabilidade, ou até loucura, viajar 150 quilômetros a pé com uma gestante prestes a dar à luz. Ou você acredita que um nazareno tinha cavalos, camelos, servos e dinheiro para hospedagem na capital?

Bem, mesmo que José tivesse feito essa sandice – que já não combina com o caráter protetor do mesmo José que fugiu para a África ao saber que sua família corria risco quando Herodes manda matar as crianças –, temos um problema bem maior na narrativa de Lucas, pois, historicamente, o censo de Quirino ocorre pelo menos nove ou dez anos antes da morte de Herodes o Grande. E Jesus nasceu durante o governo desse mesmo Herodes. Ou seja, ou Maria teve uma gravidez de 521 semanas, ou Lucas não se atentou a datas, mostrando seu esforço em disputar uma narrativa da cristandade de Jesus.

Em resumo, é praticamente impossível Jesus ter nascido em Belém, mesmo que todos acreditassem que o Messias viria de lá. No entanto, temos que lembrar que Jesus não se encaixava no modelo messiânico dos judeus; de fato, se ele se encaixasse, não teria sido morto por eles. Então, mesmo que todos os que escreveram sobre Jesus pensassem que o Messias nasceria em Belém, incluindo Herodes, que consultou todos os sacerdotes, é provável que Jesus tenha nascido em sua cidade, em sua própria casa, em Nazaré.

> Tendo reunido todos os chefes dos sacerdotes do povo e os mestres da Lei, perguntou-lhes onde deveria nascer o Cristo.
> E eles responderam: "Em Belém da Judeia; pois assim escreveu o profeta:
> 'Mas tu, Belém, da terra de Judá, de forma alguma és a menor entre as principais cidades de Judá; pois de ti virá o líder que, como pastor, conduzirá Israel, o meu povo'" (Mt 2:4-6).

Se sua cabeça não explodiu aqui, eu acho que você não entendeu o que eu estou propondo: José só teve tempo hábil de fugir (de um ataque romano surpresa) com sua família para o Egito porque o ataque começou em Belém, estendendo-se para as regiões vizinhas.

> Quando Herodes percebeu que havia sido enganado pelos magos, ficou furioso e ordenou que matassem todos os meninos de 2 anos para baixo, em Belém e nas proximidades, de acordo com a informação que havia obtido dos magos (Mt 2:16).

Agora finalmente entendemos o motivo dessa profecia: confundir Herodes, para salvar o menino Jesus de Nazaré.

Mas havia outra criança, apenas seis meses mais velha do que o filho de Maria, que também precisou de ser salva naquele terrível dia e teria um papel de suma importância na vida e no ministério de Jesus. Estamos falando do primo de Jesus, João Batista.

JOÃO, UM SACERDOTE MARGINAL

CAPÍTULO 4

Deserto da Judeia – 27 d.C.

> Naqueles dias surgiu João Batista, pregando no deserto da Judeia.
> Ele dizia: "Arrependam-se, porque o Reino dos Céus está próximo".
> Este é aquele que foi anunciado pelo Profeta Isaías: "Voz do que clama no deserto: 'Preparem o caminho para o Senhor, façam veredas retas para ele'".
> As roupas de João eram feitas de pelos de camelo, e ele usava um cinto de couro na cintura. O seu alimento era gafanhotos e mel silvestre (Mt 3:1-4).

A primeira informação que temos sobre João, após o dia do atentado contra as crianças, é que ele vivia no deserto e tinha um estilo de vida bem peculiar. Não sei o que você pensa sobre a vida no deserto, mas talvez quando você lê a história de João, sobre ele andando pelo deserto, sozinho, imagine que ele era um andarilho, que vivia de fato caminhando no deserto escaldante durante o dia e enfrentando temperaturas congelantes durante a madrugada, solitário, sem nenhuma estrutura. Pense em toda a dificuldade para se abrigar e se alimentar estando no meio do deserto completamente só e sem nenhuma estrutura de sobrevivência. Não seria possível viver dessa forma, pois o ambiente desértico é totalmente hostil para uma pessoa, sendo necessários alguns itens para sobreviver nele, e é por isso que não era nada incomum encontrar comunidades que viviam de fato no deserto e dominavam métodos de sobrevivência num ambiente quase improvável de se viver.

Em geral, registros indicam que humanos habitam o deserto há milhares de anos. Arqueólogos já encontraram pinturas rupestres com mais de dez mil anos de idade. Quem vive nessas áreas faz parte de comunidades nômades, que seguem esse estilo de vida há diversas gerações, como os tuaregues, os berberes e outras comunidades tribais que se adaptaram à vida no deserto ao longo dos séculos. Então, quando pensamos num personagem bíblico que vivia no deserto, é bem mais lógico concluirmos que ele habitava uma dessas comunidades.

Cisjordânia – 1947 d.C.

Um grupo de pastores beduínos cuidava de suas cabras pelas montanhas desérticas da Cisjordânia, quando casualmente encontraram duas cavernas com vasos de cerâmica enterrados, e dentro desses vasos havia rolos de papiro antigos. Obviamente esses pastores não faziam ideia do que era, mas esses manuscritos foram uma das descobertas arqueológicas mais importantes do século XX e tiveram, e ainda terão, um grande impacto histórico e religioso.

Os Manuscritos do Mar Morto, como são chamados, incluem textos bíblicos, como cópias do Antigo Testamento, além de textos sectários, apocalípticos e literários. Após a descoberta inicial dos pastores beduínos, o Bispo Atanásio Samuel e o acadêmico Eleazar Sukenic adquiriram alguns dos rolos. Posteriormente, o governo israelense comprou todos os rolos de Samuel em 1954. A partir daí, foram conduzidas expedições arqueológicas pelas autoridades israelenses, resultando na descoberta de mais dez cavernas com jarros e pergaminhos. No entanto, devido aos conflitos na região, os manuscritos foram armazenados, e eles só retomaram as pesquisas em 1991. Desde então, novos fragmentos desses manuscritos foram encontrados, trazendo mais informações valiosas sobre a história, a cultura e as crenças das comunidades judaicas antigas. Inclusive, recentemente, em 2021, foram encontrados novos fragmentos desses manuscritos.

Todos os pesquisadores que tiveram acesso a esse material atribuíram a autoria desses manuscritos a uma comunidade judaica que viveu entre o século II a.C. e o século I d.C., principalmente em um local chamado Khirbet Qumran, perto do Mar Morto, na Cisjordânia, conhecidos como essênios. Essa comunidade surgiu a partir de um movimento que se juntou ao dos macabeus, um exército rebelde judeu que lutou contra a invasão selêucida sobre Jerusalém em meados do século II a.C.

Os essênios, muito provavelmente descontentes com as corrupções no Templo citadas anteriormente, retiraram-se para o deserto, fundando uma comunidade sacerdotal marginal, um grupo extremista e separatista. Habitaram as cavernas de Qumran até serem massacrados e destruídos pelo Império Romano em 68 d.C., mas não antes de registrarem sua história e sua tradição em manuscritos, esconderem esses manuscritos em jarros e os enterrarem em cavernas.

Eu sei que esta última parte teve muita informação comprimida. Não quero me aprofundar em detalhes que julgo não alterarem os fatos dessa narrativa, mas também queria que você tivesse o mínimo de informações sobre a história dos essênios e dos manuscritos, pois agora faremos uma aproximação entre ela e a história de João e Jesus. Tudo indica que João vivia no deserto e morava nessa comunidade de Qumran, junto aos essênios, que ficava geograficamente a poucos quilômetros de Jerusalém.

Obviamente, quando Herodes ordena o ataque contra as crianças, José e Maria fogem para o Egito com Jesus, enquanto Isabel e Zacarias, que era sacerdote, fogem para a comunidade de Qumran. Como disse, essa comunidade dos essênios era formada por ex-sacerdotes, e Zacarias, pai de João, era sacerdote quando Jesus nasceu. Quando Anás e Caifás dão um golpe no Templo, episódio que narrarei mais à frente neste texto, Zacarias se rebela e se junta a Qumran.

Não tenho como deixar de imaginar que, se João viveu entre os essênios, e se temos manuscritos escritos por eles mais antigos do que a própria Bíblia, quem sabe exista a possibilidade de algo ali ter sido escrito, ou pelo menos ditado, pelo próprio João.

E agora vou além, pois Jesus e João eram primos e, com base nessa narrativa, eram próximos, amigos, confidentes. Inclusive, o texto bíblico fala de uma temporada em que Jesus passou justamente no deserto, em provação, e mais adiante vou explicar isso melhor.

Mas, *a priori*, minha imaginação me leva a pensar em Jesus tendo várias conversas com João, passando dias em sua casa e, quem sabe, ajudando-o de alguma forma a elaborar parte desses manuscritos.

Isso não emociona você?

CIDADE DE DEUS

CAPÍTULO 5

Brasil – 2002 d.C.

Você já assistiu ao filme *Cidade de Deus*? Top 3 do cinema brasileiro e top 10 mundial, em minha opinião.

Essa obra marcou para sempre o imaginário dos brasileiros, assim como o cinema nacional. A narrativa apresentou uma série de personagens complexos e profundos: Buscapé, Bené, Zé Pequeno, Mané Galinha, Cabeleira e outros. São nomes que não passam despercebidos, mesmo décadas após a estreia do filme.

O filme tem como base a obra literária de mesmo nome escrita por Paulo Lins, lançada em 1997. No livro, o autor compartilha sua vivência em uma das maiores favelas do Rio de Janeiro: Cidade de Deus, um bairro da Zona Oeste do município do Rio. Baseado em fatos, e sendo uma denúncia da realidade de uma parcela da população brasileira que normalmente não tem suas histórias contadas, o filme gira em torno de seus dois principais personagens: Bené e Zé Pequeno.

E o que isso tem a ver com Herodes, essênios e Jesus?

Bem, diretamente nada, mas quero que a partir de agora você entre na história de Jesus e João como se fosse o Paulo Lins relatando as complexas histórias de Zé Pequeno e Bené.

Não quero comparar os personagens aqui. Sei que neste momento alguém está se incomodando e pensando: "Não acredito que ele vai comparar um traficante, assassino, com Jesus". E não farei isso. Mas quero, sim, criar uma aproximação entre os contextos: dois meninos pobres, favelados, que desde cedo sobreviveram num ambiente hostil para qualquer pessoa, sobretudo crianças. Que são sobreviventes da violência ordenada e do abandono do Estado e que juntos cresceram, se apoiando, fazendo escolhas complexas, sendo vistos como heróis ou bandidos, dependendo da perspectiva ou do momento observado. Lembremos que Jesus foi considerado tão bandido por algumas perspectivas, que até sofreu a pena de morte.

Zé Pequeno e Bené, por crescerem e sobreviverem juntos, criaram laços fraternais, de amizade e cumplicidade, assim como Jesus e João. Também quero que você perceba a semelhança que há entre as histórias, especialmente quando um deles perde o outro, assassinado brutalmente, gerando uma revolta que mudou a história de todos os personagens envolvidos e de toda a região onde viviam.

Judeia – 27 d.C.

> Naquela ocasião Jesus veio de Nazaré da Galileia e foi batizado por João no Jordão.
> Assim que saiu da água, Jesus viu os céus se abrindo, e o Espírito descendo como pomba sobre ele.
> Então veio dos céus uma voz: "Tu és o meu Filho amado; em ti me agrado".
> Logo após, o Espírito o impeliu para o deserto.
> Ali esteve quarenta dias, sendo tentado por Satanás. Estava com os animais selvagens, e os anjos o serviam.
> Depois que João foi preso, Jesus foi para a Galileia, proclamando as boas-novas de Deus.
> "O tempo é chegado", dizia ele. "O Reino de Deus está próximo. Arrependam-se e creiam nas boas-novas!" (Mc 1:9-15).

Você já reparou como a tentação de Jesus envolve dois acontecimentos relacionados a seu primo, João?

Nos versos 9, 10 e 11 Jesus é batizado por João.

Nos versos 12 e 13 Jesus vai para o deserto, onde João vivia.

E nos versos 14 e 15 João ainda é o assunto, agora falando-se sobre sua prisão.

Então, nessa narrativa podemos compreender que Jesus saiu do Rio Jordão com seu primo e que juntos eles foram para o deserto. E é nessa visita à antiga casa de João, passando uma quarentena recluso em Qumran, com os monges essênios, que Jesus enfrenta seus demônios, seus medos e suas fraquezas, no episódio que conhecemos como "A tentação de Jesus".

Precisamos entender que, se de fato João vivia entre os essênios, num determinado momento de sua vida ele rompeu com aquela comunidade para iniciar seu ministério, preparando o caminho para a vinda daquele que ele chamaria de Messias.

Os essênios, com suas tradições rígidas, pregavam uma separação total dos outros judeus, vistos por eles como pecadores. João, embora usasse elementos essênios, como o batismo, um ritual de purificação diário, também se apropriou da alimentação local, como mel silvestre e gafanhotos. Inclusive, o que chamamos de "gafanhoto" era uma alfarroba denominada *akris* no texto grego, mas traduzida na Bíblia como "gafanhoto". As primeiras comunidades gregas traduziam esse termo como "planta", e até hoje, em alguns lugares da Europa, essa alfarroba é conhecida como "pão de São João".

E você pensava que João Batista se alimentava daquele inseto, definido várias vezes no Antigo Testamento como devorador?

João carregava elementos essênios, mas pregava e batizava judeus e não judeus no Rio Jordão, ato intolerável para os essênios. Por isso, precisou romper com Qumran para iniciar seu ministério profético, mantendo laços de amizade com os monges – que acolheram Jesus a seu pedido.

João batizou Jesus, ajudou-o em suas fraquezas, acolheu-o em sua casa, e veremos a seguir outras intervenções que ele fez diretamente sobre o que seria o Ministério de Jesus, inclusive incentivando o primo a não andar sozinho.

Sim, foi de João a ideia de que Jesus deveria ter discípulos:

> No dia seguinte João estava ali novamente com dois dos seus discípulos.
> Quando viu Jesus passando, disse: "Vejam! É o Cordeiro de Deus!"
> Ouvindo-o dizer isso, os dois discípulos seguiram a Jesus (Jo 1:35-37).

Inclusive, Simão, que depois se tornaria o grande Apóstolo PEDRO, o líder dos discípulos, foi apresentado a Jesus por um dos discípulos de João:

> André, irmão de Simão Pedro, era um dos dois que tinham ouvido o que João dissera e que haviam seguido a Jesus.
> O primeiro que ele encontrou foi Simão, seu irmão, e lhe disse: "Achamos o Messias" [isto é, o Cristo].
> E o levou a Jesus. Jesus olhou para ele e disse: "Você é Simão, filho de João. Será chamado Cefas" [que significa "Pedro"] (Jo 1:40-42).

Podemos afirmar categoricamente que João, além de primo e amigo, foi a pessoa mais importante na vida de Jesus, uma espécie de mestre, rabino, pastor.

Hoje somos discípulos de Jesus, mas um dia Jesus foi discípulo de João.

CONTRA A MILÍCIA RELIGIOSA

ONTRA
A MILÍCIA
RELIG

CAPÍTULO 6

Confrontar milicianos geralmente resulta em morte. Pergunte isso ao Marcelo Freixo, à família de Marielle Franco. Pergunte isso aos cidadãos do Rio de Janeiro que enfrentam esses grupos todos os dias.

Por definição, milícia é um grupo paramilitar, composto por policiais ou ex-policiais armados – mas não apenas militares: civis, bandidos, qualquer pessoa armada pode compor um grupo miliciano. Na prática, esses grupos atuam regionalmente usando de força, violência e autoritarismo para ganhar poder e dinheiro às custas do povo.

Quando você leu antes que Jesus enfrentava uma espécie de milícia dentro do Templo, talvez tenha achado um pouco exagerado da minha parte, mas deixa eu explicar um pouco a estrutura do Templo de Jerusalém.

A primeira coisa é entender a dinâmica estrutural do Templo, que se dividia em três pavimentos: o pátio, o santo lugar e o santíssimo lugar. O pátio também era conhecido como "átrio das mulheres" ou "pátio dos gentios", pois era o único ambiente do Templo sagrado onde mulheres, crianças e não judeus poderiam acessar. Era um grande espaço aberto, uma espécie de feira ao ar livre, com barracas de comerciantes, câmbio de moedas e venda de animais para sacrifício. E era nesse pátio que aconteciam as discussões filosóficas e teológicas.

Talvez um lugar que possa ajudar você a visualizar como seria esse ambiente está na cidade de Aparecida, São Paulo. Imagine os arredores da Basílica de Nossa Senhora Aparecida, um ambiente muito religioso, místico, que recebe pessoas do Brasil e do mundo todo e que tem uma grande estrutura comercial por trás.

Durante a semana, o movimento é mais tranquilo, e aos finais de semana, sobretudo no domingo, que é o dia cultural de um brasileiro se dedicar à religião, a cidade e os arredores da Basílica ficam muito mais movimentados. O mesmo acontece nas datas religiosas e principalmente no dia de Nossa Senhora Aparecida, quando o movimento ganha níveis estratosféricos.

A dinâmica em Jerusalém, no Templo e no pátio, era similar à do cotidiano em Aparecida. No dia a dia, o movimento era normal, mas aumentava aos sábados – o Shabat, dia importante para a religião judaica. Durante as datas religiosas, em especial na Páscoa, quando muitos judeus visitam a capital, o movimento era excepcionalmente alto e o comércio lucrava de maneira significativa.

Assim como a milícia atual tem os seus principais produtos de lucro, como internet e acesso a energia, água, gás e transporte, a milícia organizada dentro do Templo em Jerusalém também tinha seus principais itens de lucro, mas nesse caso eles eram principalmente os animais dos sacrifícios.

Como você bem sabe, para se obter algum tipo de perdão na antiga religião judaica, era necessário um sacrifício ritualístico realizado com a morte de um animal. E não apenas isso: havia sacrifícios de louvor para adorar a Deus, sacrifícios de bênção para ser abençoado e outros tipos de sacrifício.

Literalmente, na mente de um judeu antigo, a obtenção do perdão de Deus exigia um pagamento em dinheiro, pois naquela época os animais eram usados para alimentação e troca, e não eram baratos. Assim, sacrificar um animal a Deus significava oferecer a Ele algo de alto valor monetário.

Diante dessa realidade religiosa, para obter o perdão de Deus você tinha que:

1) ir até Jerusalém para ter acesso a um sacerdote;

2) levar o seu próprio animal, ou comprar um animal no pátio do Templo.

Agora vamos nos lembrar um pouco da realidade de um nazareno, como Jesus.

Você já reparou na oração do Pai-nosso? Quando Jesus pede a Deus "O pão nosso de cada dia nos dai hoje", o que ele queria dizer?

Só pede a Deus o pão de cada dia quem sabe o que é ficar dias sem pão.

É muito provável que Jesus fosse referido como *am ha'aretz*, uma expressão que literalmente se traduz como "pessoas do campo", mas de maneira bastante depreciativa. Trata-se de pessoas simples, sem educação, dispostas a trabalhar muito por qualquer pequeno pagamento. A vida em Nazaré era de extrema dificuldade, com a fome sendo uma ameaça constante para Jesus, sua família e todos os seus parentes.

Conseguir comida na periferia da Palestina de dois mil anos atrás não era nada fácil. O tipo de comida mais comum para uma família de Nazaré era basicamente pão, azeitonas, vinho, feijão, lentilhas, além de verduras e legumes da estação. Também havia alguns produtos lácteos como queijo e iogurte. Peixes e carnes eram reservados apenas para celebrações ou ocasiões especiais.

Não bastasse toda a dificuldade de conseguir um alimento numa terra extremamente seca e pobre, havia toda a preocupação ritualística com os alimentos. O judeu não comia qualquer alimento, uma vez que existia uma série de restrições alimentares.

A expectativa de vida naquela época era de 30 anos, então tecnicamente Jesus, quando morreu, já estava no fim da sua vida. Eram poucas as pessoas, apenas alguns ricos e afortunados, e de certa forma com um pouco de sorte, que chegavam aos 50 ou 60 anos.

A mortalidade infantil em Nazaré chegava a 30%.

E 60% morriam antes dos 16 anos.

Malária e tuberculose eram doenças comuns.

A pesquisa arqueológica revela que todos os esqueletos preservados dessa área apresentam deficiência de ferro e proteína, muitos com artrite severa. É historicamente válido considerar que Jesus passou por períodos de escassez alimentar, que ele conhece a sensação de estômago vazio e que sem dúvida teve irmãos, primos e amigos que sucumbiram à fome, a doenças ou a algum tipo de desnutrição devido à falta de alimentação.

Com todo esse contexto social, qual a probabilidade de um nazareno que mal tinha o que comer estar em dia com todas as suas obrigações ritualísticas para obter perdão? Isso sem contar que Nazaré ficava a mais de 100 quilômetros da capital e eles não tinham cavalos, camelos, carruagens nem dinheiro para se hospedar.

A situação de uma família nazarena era a seguinte: eles tinham que se programar o ano inteiro para, quem sabe, conseguir ir a Jerusalém uma vez ao ano, na Páscoa, para obter um perdão generalizado.

> Chegando a Jerusalém, Jesus entrou no Templo e ali começou a expulsar os que estavam comprando e vendendo. Derrubou as mesas dos cambistas e as cadeiras dos que vendiam pombas e não permitia que ninguém carregasse mercadorias pelo Templo.
> E os ensinava, dizendo: "Não está escrito: 'A minha casa será chamada casa de oração para todos os povos'? Mas vocês fizeram dela um covil de ladrões" (Mc 11:15-17).

A narrativa de Marcos – que cronologicamente vai acontecer lá na frente, no segundo incidente no Templo – mostra com detalhes o que acontecia naquela estrutura miliciana.

A primeira coisa que chama atenção é que dentro do Templo havia, sim, não só um comércio de animais, mas também um câmbio de moedas, visto que vinham judeus de toda parte da Palestina e de seus arredores com moedas diferentes, e era necessário trocá-las para comprar. O segundo aspecto que se destaca é a peculiaridade de o livro de Marcos mencionar uma pomba, considerando que os animais mais populares na tradição, inclusive na Bíblia, são o cordeiro e o gado.

Mas por que uma pomba?

Antes, eu falei que havia diversos tipos de sacrifício, desde os elaborados e caros até os simples e baratos. Naturalmente, o pobre, quando podia, optava pelo mais simples: o de uma pomba.

Para um pobre nazareno, ao pensar em um animal que pudesse o conectar a Deus, esse animal era a pomba.

Finalmente você pode entender por que na narrativa do batismo de Jesus é uma pomba que desce sobre o Cristo, deixando claro que Jesus não estava ali na mesma estrutura elitista do tempo, e sim que ele era a remissão dos pobres.

Então, como viajar 150 quilômetros a pé transportando sua própria pomba?

E quem garante que o sacerdote que fazia parte dessa rede corrupta dentro do Templo iria aprovar sua pomba? Quem sabe ele iria apontar um defeito nela só para que você precisasse comprar uma nova pomba, superfaturada, agora na barraca ao lado, de um comerciante que faz parte do esquema de corrupção?

Outro ponto importante de destacar no texto é que literalmente Jesus chama a classe sacerdotal de um "covil de ladrões", deixando claro o que ele pensava sobre aquela estrutura.

E como eu já disse, é esse enfrentamento de Jesus que determina o seu futuro:

> Os chefes dos sacerdotes e os mestres da Lei ouviram essas palavras e começaram a procurar uma forma de matá-lo (Mc 11:18).

Agora eu preciso que você preste muita atenção, pois esse episódio da purificação no Templo acontece duas vezes. A segunda, como acabei de citar, foi a derradeira para prender e matar Jesus. A primeira é bem parecida: Jesus enfrenta os cambistas, joga mesas ao chão e xinga os fariseus.

> Quando já estava chegando a Páscoa judaica, Jesus subiu a Jerusalém.
> No pátio do Templo viu alguns vendendo bois, ovelhas e pombas, e outros assentados diante de mesas, trocando dinheiro.
> Então ele fez um chicote de cordas e expulsou todos do Templo, bem como as ovelhas e os bois; espalhou as moedas dos cambistas e virou as suas mesas.
> Aos que vendiam pombas disse: "Tirem estas coisas daqui! Parem de fazer da casa de meu Pai um mercado!"

> Seus discípulos lembraram-se que está escrito: "O zelo pela tua casa me consumirá".
> Então os judeus lhe perguntaram: "Que sinal miraculoso o senhor pode mostrar-nos como prova da sua autoridade para fazer tudo isso?"
> Jesus lhes respondeu: "Destruam este Templo, e eu o levantarei em três dias".
> Os judeus responderam: "Este Templo levou quarenta e seis anos para ser edificado, e o senhor vai levantá-lo em três dias?"
> Mas o Templo do qual ele falava era o seu corpo (Jo 2:13-21).

Mas existe outro ponto em comum entre os dois enfrentamentos no Templo: em ambos Jesus paga com sangue, pois é a partir do primeiro enfrentamento no Templo que se desencadeia a prisão de João, e logo em seguida a morte dele. E na segunda vez, como já vimos, quem é preso e morto é o próprio Jesus.

O fato é que enfrentar essa espécie de milícia israelense foi um fator determinante na execução de Jesus.

A PRISÃO DO PRIMO

A PRISÃO
DO PRIM

CAPÍTULO 7

> Mas o Templo do qual ele falava era o seu corpo.
> Depois que ressuscitou dos mortos, os seus discípulos lembraram-se do que ele tinha dito. Então creram na Escritura e na palavra que Jesus dissera.
> Enquanto estava em Jerusalém, na festa da Páscoa, muitos viram os sinais miraculosos que ele estava realizando e creram em seu nome.
> Mas Jesus não se confiava a eles, pois conhecia a todos.
> Não precisava que ninguém lhe desse testemunho a respeito do homem, pois ele bem sabia o que havia no homem (Jo 2:21-25).
> Havia um fariseu chamado Nicodemos, uma autoridade entre os judeus.
> Ele veio a Jesus, à noite, e disse: "Mestre, sabemos que ensinas da parte de Deus, pois ninguém pode realizar os sinais miraculosos que estás fazendo, se Deus não estiver com ele" (Jo 3:1,2).

Nossa mente versicular, ou seja, nosso pensamento quando só enxergamos o texto bíblico a partir de capítulos e versículos, impede-nos de perceber a conectividade que há entre os textos. Nos fragmentos que abrem este capítulo, perceba como a visita de Nicodemos, uma autoridade farisaica, acontece na sequência do episódio do Templo. E, de forma ainda mais suspeita, Nicodemos procurou Jesus à noite, na calada, como se tivesse que o alertar sobre algo e ninguém pudesse o ver junto com Jesus.

Nicodemos discute com Jesus, quem sabe avisando-o sobre o grande risco que era enfrentar aquela milícia.

Veja como termina a conversa com o Nicodemos:

> Depois disso, Jesus foi com os seus discípulos para a terra da Judeia, onde passou algum tempo com eles e batizava.
> João também estava batizando em Enom, perto de Salim, porque havia ali muitas águas, e o povo vinha para ser batizado.
> Isto se deu antes de João ser preso (Jo 3:22-24).

Em vez de acatar o conselho de Nicodemos, tomar cuidado e quem sabe se retirar por um tempo, Jesus aperta ainda mais o discurso, muda-se para a Judeia, onde ficava a meca religiosa, e começa a batizar nos arredores do Templo, afirmando o discurso de João e desqualificando o método expiatório sacerdotal, afrontando os poderosos.

Cada pessoa batizada por João ou Jesus era um pecador a menos comprando animais no Templo.

Perceba como o evangelista especifica que tudo isso acontece antes de João ser preso. E se tem uma coisa que a história do mundo nos mostra é que, quando um poderoso é afrontando, a resposta é violenta.

* * *

Voltando a falar sobre Herodes o Grande, segundo o livro de Atos ele morreu durante seu discurso em Cesareia, quando as pessoas o chamavam de deus. Segundo o texto bíblico, um anjo o feriu no ventre, pois Herodes havia recebido a honra que apenas Deus tem, e, assim, teria morrido comido por vermes.

Tirando a mística de que o próprio Deus teria ferido Herodes, segundo o diagnóstico do médico americano Jan Hirschmann, da Universidade de Washington, Herodes o Grande teria morrido devido a uma doença crônica nos rins e uma infecção incomum no pênis chamada de gangrena de Fournier, como explicou o médico em um congresso da área de medicina em Baltimore, Estados Unidos: "Os textos que nos dão uma descrição detalhada dos últimos dias de Herodes citam várias características das doenças que causaram sua morte: sintomas como coceira intensa, falta de ar, convulsões e gangrena na genitália" (Rei Herodes [...], 2002).

Se foi Deus ou DST, não sabemos, mas Herodes o Grande morreu pouco tempo depois de ter ordenado o massacre contra as crianças. E devemos nos lembrar da motivação dos Herodes – e do ódio contra os judeus.

Herodes mandou matar centenas de crianças por medo do nascimento de um novo rei, e todos ficaram sabendo disso. Seus filhos herdaram, além do trono, a mesma motivação e o mesmo ódio. Então, 30 anos depois da morte do Grande, o agora tetrarca da Galileia e filho do primeiro Herodes, o novo Rei Herodes Antipas, descobre que o menino que seu pai jurava ter matado ainda no berço, o novo possível rei da Judeia, não só está vivo como também está nos arredores do seu reino batizando, fazendo discípulos, juntando gente, criando uma base – e, para piorar, está sendo anunciado por esse tal João como Cristo, o novo rei.

Segundo o texto bíblico, Herodes prendeu João por causa de uma denúncia de João sobre o rei ter um caso com a cunhada, Herodias. Mas, entendendo toda essa trama, podemos enxergar claramente o que fez Herodes querer parar João:

> O povo estava em grande expectativa, questionando em seus corações se acaso João não seria o Cristo.
> João respondeu a todos: "Eu os batizo com água. Mas virá alguém mais poderoso do que eu, tanto que não sou digno nem de curvar-me e desamarrar as correias das suas sandálias. Ele os batizará com o Espírito Santo e com fogo.
> Ele traz a pá em sua mão, a fim de limpar sua eira e juntar o trigo em seu celeiro; mas queimará a palha com fogo que nunca se apaga".
> E com muitas outras palavras João exortava o povo e lhe pregava as boas-novas.
> Todavia, quando João repreendeu Herodes, o tetrarca, por causa de Herodias, mulher do próprio irmão de Herodes, e por todas as outras coisas más que ele tinha feito,
> Herodes acrescentou a todas elas a de colocar João na prisão (Lc 3:15-20).

Portanto, João é preso por afirmar que Jesus, seu primo, era o Cristo e, logo, herdeiro do trono de Israel, trono este que então pertencia a Herodes.

O método de seu pai (mandar matar os dois) não havia dado certo, e Antipas, agora, tinha um grande problema nas mãos, pois o menino que teve que fugir cresceu, ganhou espaço e fez sua voz ecoar nos quatro cantos da Palestina. Herodes sabia que mandar matar João traria vários problemas ao seu trono.

> Herodes queria matá-lo, mas tinha medo do povo, porque este o considerava profeta (Mt 14:5).

Como mostra esse fragmento, Herodes sabia do "poder" que João tinha nas mãos: o povo o ouvia.

> No aniversário de Herodes, a filha de Herodias dançou diante de todos, e agradou tanto a Herodes
> que ele prometeu sob juramento dar-lhe o que ela pedisse.
> Influenciada por sua mãe, ela disse: "Dá-me aqui, num prato, a cabeça de João Batista".
> O rei ficou aflito, mas, por causa do juramento e dos convidados, ordenou que lhe fosse dado o que ela pedia
> e mandou decapitar João na prisão (Mt 14:6-10).

Herodes, como você pode ver, foi obrigado a matar João por causa de uma promessa de bêbado.

> Sua cabeça foi levada num prato e entregue à jovem, que a levou à sua mãe (Mt 14:6-11).

João foi morto com requintes de crueldade e teve sua cabeça exposta como um prêmio. Obviamente, Jesus viu essa cena bizarra.

> Os discípulos de João vieram, levaram o seu corpo e o sepultaram. Depois foram contar isso a Jesus.
> Ouvindo o que havia ocorrido, Jesus retirou-se de barco em particular para um lugar deserto (Mt 14:12-13).

Imagine Jesus olhando nos olhos fechados da cabeça de seu primo, que havia sido executado por Herodes, filho daquele que já atentara contra sua vida. Um rastro de morte e crueldade chamado Herodes seguia a vida e a história de Jesus. Imagine a dor, a revolta, o ódio que ele sentia.

Voltarei a falar com mais detalhes sobre a execução de João mais à frente, mas atenção, pois entre a prisão de João e sua execução houve um tempo. Segundo os cálculos, João foi preso em novembro de 25 a.C. e morto em março de 27 d.C. João ficou quase um ano e meio na prisão, e isso afirma ainda mais o medo que Herodes tinha de matá-lo. E se levarmos em consideração que o Ministério de Jesus durou aproximadamente três anos e que João foi preso no começo do ministério, concluímos que a primeira metade dele envolveu a prisão do primo, com Jesus buscando formas de libertá-lo, e a outra metade foi com o luto e a dor, que moveram Jesus a atitudes extremas.

Então, vamos pensar agora nessa primeira metade do Ministério de Jesus, em que João estava preso e Jesus buscava justiça por ele. Afinal, Jesus sentia culpa pela prisão do primo.

E se ele tivesse acatado os conselhos de Nicodemos, se retirasse, fugisse?

A partir dessa ótica, a prisão e a morte de João teriam sido uma retaliação.

TRABALHO DE BASE

CAPÍTULO 8

Eu espero que a partir deste ponto da leitura você já tenha compreendido que cada passo de Jesus era um passo político. Jesus nasceu e morreu sob os olhos dos Herodes e de todas as outras autoridades. Esta história não é sobre o Deus encarnado que veio salvar a humanidade dos pecados – já temos milhões de narrativas sobre a face divina de Jesus. Esta história é sobre um homem que passou a vida entre se esconder, afrontar e lutar contra um sistema.

Então, resumindo, João está preso, Jesus sabe que na primeira oportunidade Herodes matará seu primo e, para piorar, sente que a culpa de tudo isso é sua. Tendo em mente que todos os passos de Jesus são passos políticos, assim que João é preso Jesus começa sua luta para libertá-lo.

Mais uma vez quero apelar para a leitura além dos versículos e capítulos.

O capítulo 3 de João relata o encontro de Jesus e Nicodemos, como já expliquei. E olhe como começa o capítulo 4:

> Os fariseus ouviram falar que Jesus estava fazendo e batizando mais discípulos do que João, embora não fosse Jesus quem batizasse, mas os seus discípulos.
> Quando o Senhor ficou sabendo disso, saiu da Judeia e voltou uma vez mais à Galileia.
> Era-lhe necessário passar por Samaria (Jo 4:1-4).

Ao saber que o primo foi preso, aí sim Jesus se retira da Judeia e volta para a Galileia, mas não antes de passar por Samaria. Jesus precisa libertar seu primo, mas sabe que não tem chances contra um império. A única forma de ser ouvido é fazer sua voz ecoar cada vez mais longe. E a primeira cidade que Jesus visitou, fazendo o melhor estilo de trabalho de base, foi Sicar, território samaritano, inimigo dos judeus.

Observando o mapa que está no início do livro, podemos ver exatamente a distribuição das cidades em todo o território de Israel na época de Jesus (obviamente esse mapa não corresponde à realidade atual).

Para um judeu percorrer o caminho da Galileia para a Judeia, ou vice-versa, geograficamente era necessário passar por Samaria, se o que fosse levado em consideração fosse apenas a distância. Mas por motivos óbvios de uma rivalidade religiosa entre judeus e samaritanos, a rota utilizada para se fazer esse percurso evitava Samaria. Então, para um judeu ir da Judeia para a Galileia, normalmente ele passaria pela cidade de Jericó e depois iria beirando o vale do Rio Jordão até a Galileia.

Sendo assim, essa necessidade apontada no texto bíblico não é uma necessidade geográfica. Havia outro motivo que fez Jesus entrar em terra inimiga, correndo riscos.

> Assim, chegou a uma cidade de Samaria, chamada Sicar, perto das terras que Jacó dera a seu filho José.
> Havia ali o poço de Jacó. Jesus, cansado da viagem, sentou-se à beira do poço. Isto se deu por volta do meio-dia.
> Nisto veio uma mulher samaritana tirar água.
> Disse-lhe Jesus: "Dê-me um pouco de água".
> (Os seus discípulos tinham ido à cidade comprar comida) (Jo 4:5-8).

Veja que, contra toda a lógica operacional, além de adentrar o território inimigo, Jesus fez isso sozinho, pois ele ordenou aos seus companheiros que fossem comprar comida em outra cidade. Mas o que Jesus queria?

Talvez você pense: "Ué, ele tava cheio de fome".

> Enquanto isso, os discípulos insistiam com ele: "Mestre, come alguma coisa".
> Mas ele lhes disse: "Tenho algo para comer que vocês não conhecem" (Jo 4:31-32).

Não, não era sobre comida que ele falava. Quando os discípulos voltaram com alimentos, Jesus nem ligou. O que ele necessitava era conversar com uma mulher.

Esse é o texto dos evangelhos de que eu mais gosto, pois é impressionante a quantidade de regras que Jesus quebra para se relacionar com a samaritana:

1) Entra em território inimigo.

2) Sozinho, dispensa seus companheiros.

3) Sendo homem, vai ao poço, um ambiente socialmente de mulheres.

4) Sendo judeu, puxa conversa com uma samaritana, considerada inimiga.

5) Sendo homem, puxa conversa com uma mulher, algo vergonhoso.

6) Sendo judeu, pede para beber água no copo da samaritana, quebrando a lei de purificação.

Em alguns minutos em companhia daquela mulher, Jesus já tinha se tornado um herege diante dos olhos da religião.

Não quero aqui entrar nos detalhes da conversa entre Jesus e a samaritana, mas sim focar a relação que Jesus estabelece com toda aquela cidade a partir da relação com a samaritana:

> Muitos samaritanos daquela cidade creram nele por causa do seguinte testemunho dado pela mulher: "Ele me disse tudo o que tenho feito".
> Assim, quando se aproximaram dele, os samaritanos insistiram em que ficasse com eles, e ele ficou dois dias.
> E por causa da sua palavra, muitos outros creram.
> E disseram à mulher: "Agora cremos não somente por causa do que você disse, pois nós mesmos o ouvimos e sabemos que este é realmente o Salvador do mundo".
> Depois daqueles dois dias, ele partiu para a Galileia (Jo 4:39-43).

Jesus deixa Samaria com um grupo formado que acreditava em seu discurso. Bem, Jesus, *a priori*, seria inimigo de um samaritano, mas há uma premissa antiga que diz: "Inimigo do meu inimigo, meu amigo é". É a partir desse pensamento que Jesus convoca o povo daquela terra para deixar as rixas religiosas antigas de lado e juntos lutarem contra um mal maior: Herodes, Anás, Caifás, o Templo e todo o Império Romano.

Finalmente Jesus continua sua viagem rumo à sua terra natal. Mal sabia ele que a recepção não seria agradável.

REJEITADO EM CASA

CAPÍTULO 9

Imagine este contexto:

Há 28 anos, Nazaré sofrera a fúria de Herodes, que ia atrás de Jesus. Os mais velhos tinham lembrança daquele dia violento. Enquanto Jesus estava fora, com certeza tinham chegado ao seu vilarejo as informações da prisão de João e de que o novo Herodes agora sabia que aquele tal Jesus ainda vivia em Nazaré. E para piorar, Jesus estava vindo de Samaria, terra inimiga, onde ficara dois dias e fizera amigos. Quem sabe até um dos discípulos de Jesus fosse um samaritano!

As opiniões sobre Jesus se dividiram. Sua mãe, seus irmãos e alguns mais próximos com certeza o defendiam com unhas e dentes, mas outros não gostavam do envolvimento de Jesus com não judeus. Fica clara essa discussão étnica quando Jesus precisa recorrer aos livros sagrados para justificar seu posicionamento:

Ele foi a Nazaré, onde havia sido criado, e no dia de sábado entrou na sinagoga, como era seu costume. E levantou-se para ler.
Foi-lhe entregue o livro do Profeta Isaías. Abriu-o e encontrou o lugar onde está escrito:
"O Espírito do Senhor está sobre mim, porque ele me ungiu para pregar boas-novas aos pobres. Ele me enviou para proclamar liberdade aos presos e recuperação da vista aos cegos, para libertar os oprimidos
e proclamar o ano da graça do Senhor".
Então ele fechou o livro, devolveu-o ao assistente e assentou-se. Na sinagoga todos tinham os olhos fitos nele;
e ele começou a dizer-lhes: "Hoje se cumpriu a Escritura que vocês acabaram de ouvir".
Todos falavam bem dele, e estavam admirados com as palavras de graça que saíam de seus lábios. Mas perguntavam: "Não é este o filho de José?"
Jesus lhes disse: "É claro que vocês me citarão este provérbio: 'Médico, cura-te a ti mesmo!' Faze aqui em tua terra o que ouvimos que fizeste em Cafarnaum".
Continuou ele: "Digo-lhes a verdade: Nenhum profeta é aceito em sua terra.
Asseguro-lhes que havia muitas viúvas em Israel no tempo de Elias, quando o céu foi fechado por três anos e meio, e houve uma grande fome em toda a terra.
Contudo, Elias não foi enviado a nenhuma delas, senão a uma viúva de Sarepta, na região de Sidom.
Também havia muitos leprosos em Israel no tempo de Eliseu, o profeta; todavia, nenhum deles foi purificado: somente Naamã, o sírio" (Lc 4:16-27).

Além da "traição de Jesus" de se envolver com inimigos, Jesus iria atrair a fúria de Herodes novamente para Nazaré – essa foi a conclusão a que o povo de sua terra natal chegou, e a forma de resolver isso seria com mais violência:

> Todos os que estavam na sinagoga ficaram furiosos quando ouviram isso.
> Levantaram-se, expulsaram-no da cidade e o levaram até o topo da colina sobre a qual fora construída a cidade, a fim de atirá-lo precipício abaixo (Lc 4:28-29).

Jesus teve de sair de Nazaré não por vontade própria, mas porque lá ele foi jurado de morte. As escolhas de Jesus agora começavam a trazer consequências diretas para toda sua família. Após uma vida toda em Nazaré, Jesus e seus familiares são obrigados a se retirar.

> Saindo de Nazaré, foi viver em Cafarnaum, que ficava junto ao mar, na região de Zebulom e Naftali (Mt 4:13).

A MORTE DO PAI

A MORT
DO PA

CAPÍTULO 10

Quando criança só
pensava em ser bandido
Ainda mais quando com um
tiro de soldado o pai morreu.

"Faroeste caboclo"
Legião Urbana

Como não comparar Jesus também com João de Santo Cristo, personagem da música "Faroeste caboclo", do grupo Legião Urbana?

João de Santo Cristo era um menino pobre que ainda criança viu seu pai ser executado pela truculência de um Estado autoritário. Nesse sentido, você pode ter certeza de que, diante do Império Romano, liderado por Herodes em sua região, Jesus perdeu outras pessoas queridas, além do primo João, pelo fio da espada romana.

Não sabemos quando José, pai de Jesus, faleceu. Até os 12 anos de idade de Jesus, José ainda aparece na narrativa, mas quando Jesus inicia seu ministério, aos 30, com certeza José já havia morrido. Afirmo isso porque, além de José não ser mais citado, quando Jesus estava prestes a morrer na cruz, ele pediu a seu amigo João, o Evangelista, que cuidasse de sua mãe, pois era uma viúva.

Como não temos informações sobre a morte de José, eu me permito conjecturar uma possibilidade muito plausível: Você já se perguntou quando é que Jesus começou a chamar atenção?

Lembre-se de que Herodes o Grande já havia tentado matá-lo, e morreu acreditando ter conseguido. Seu filho, Antipas, herdou o trono e as histórias do pai. Com certeza ele sabia de uma ameaça, chamada Jesus, que havia sido aniquilada anos atrás por seu pai. E é óbvio que não havia apenas um único Jesus na Palestina dos anos 30 – era um nome popular e querido.

O historiador Flávio Josefo aponta pelo menos outros dez "jesuses" em seus escritos. Então, isso não significa que Antipas ficava em alerta todas as vezes que ouvia falar sobre Jesus, mas imagine que, apenas dez anos após a execução dos infantes, Antipas ouve um burburinho de um menino de 12 anos (exatamente o tempo do ataque) oriundo de Nazaré, chamado Jesus, que está no Templo, em plena Páscoa, questionando os escribas, mestres das leis, e os sacerdotes.

> Todos os anos seus pais iam a Jerusalém para a festa da Páscoa (Lc 2:41).

Como vimos até aqui, Jesus morava na Galileia, e não na Judeia. A vida religiosa dele estava muito longe do Grande Templo, da cidade santa, do sumo sacerdócio, dos sacrifícios. O grupo dos fariseus, o dos saduceus, os poetas e os filósofos não chegavam à sinagoga de Nazaré, se é que Nazaré tinha uma sinagoga. Quando pensamos numa sinagoga na aldeia de Jesus, provavelmente estamos falando de uma família que abria sua casa para receber os irmãos. No sábado pela manhã, todos os vizinhos se reuniam nessa casa/sinagoga do povoado para o encontro de oração, que era o ato mais importante do dia. Depois, a partilha do pão, a gratidão, as histórias e os salmos.

De domingo a sexta, a rotina de Nazaré era bem normal: os homens trabalhavam nos campos, afinal era uma aldeia de agricultores, e as mulheres lidavam com toda a responsabilidade do duro trabalho da casa, como tirar água do poço duas ou três vezes ao dia, cozinhar na lenha, assar os pães, cuidar dos filhos etc. Mas aos sábados Nazaré se transformava. Ninguém acordava muito cedo, os homens não saíam para os campos, as mulheres não precisavam acender o forno logo pela madrugada. Todo trabalho era interrompido, pois tratava-se de um dia de descanso e paz. Essa rotina de Nazaré só era quebrada raramente, em eventos especiais, como na Páscoa, a principal festa judaica.

Sabemos que o calendário religioso judaico é bastante extenso, com várias datas comemorativas e feriados. Mas a Páscoa era a principal, quando todos ou quase todos os judeus tentavam se deslocar, de onde estivessem, para Jerusalém, a fim de prestar o sacrifício pascoal. Guardadas as devidas proporções, imagine um devoto de Nossa Senhora Aparecida no dia 12 de outubro, peregrinando para Aparecida, cidade de São Paulo. Assim como centenas de milhares de devotos conseguem chegar em Aparecida no dia 12, milhões simplesmente não podem nem imaginar essa viagem, por falta de recursos. Assim era a realidade de quem morava em Nazaré.

Jerusalém ficava a 150 quilômetros de distância de Nazaré. Um ser humano caminha em média 30 quilômetros ao dia, mas estamos, nesse caso, falando de uma caravana, com centenas de pessoas, incluindo crianças e mulheres. Com certeza isso seria uma viagem de seis a oito dias, e a pé, pois cavalos e camelos não faziam parte da realidade dos nazarenos. Entre ida, estadia em Jerusalém e volta, seriam uns 20 dias. Como bancar toda essa viagem? Quem cuidava dos campos e animais durante esses dias? E os debilitados?

É certo afirmar que a maioria dos nazarenos morria sem ao menos colocar seus olhos sobre o Templo.

Quando Lucas afirma que todos os anos os pais de Jesus iam a Jerusalém "conforme o costume", ele está falando dessa cultura de deslocamento na Páscoa, sem levar em conta toda a dificuldade dessa viagem. É mais fácil pensarmos que todo ano descia uma caravana de Nazaré até Jerusalém, mas especificamente quando Jesus estava com 12 anos temos o relato da visita da família de José e Maria à cidade santa.

> Quando ele completou 12 anos de idade, eles subiram à festa, conforme o costume (Lc 2:42).

Perceba que o costume era ir a Jerusalém quando o menino completava 12 anos, e isso se dava por conta do Bar Mitzvá.

O Bar Mitzvá é uma cerimônia que marca a passagem para a maioridade religiosa no judaísmo. Quando um judeu atinge a sua maioridade, aos 13 anos, passa a ser responsável pelos seus atos, de acordo com a Lei judaica. Nessa altura, diz-se que o adolescente passa a ser Bar Mitzvá (Filho do Mandamento). Além de ser considerado um jovem adulto, está qualificado para que possa ler e comentar as Escrituras, e esse "exame" acontecia diante de um chefe da sinagoga, um doutor da Lei. Considerando que Nazaré não tinha uma sinagoga, entendemos por que existia o costume de ir a Jerusalém quando o menino estava com 12 anos.

> Depois de três dias o encontraram no Templo, sentado entre os mestres, ouvindo-os e fazendo-lhes perguntas.
> Todos os que o ouviam ficavam maravilhados com o seu entendimento e com as suas respostas (Lc 2:46-47).

Um menino chamado Jesus, oriundo de Nazaré, na idade do Bar Mitzvá (12 ou 13 anos), está no Templo chamando atenção dos mestres das leis, homens os quais tinham contato direto com Anás e Caifás, que por sua vez estavam na folha de pagamento de Roma, a qual era representada por Herodes naquela região.

Dez anos antes, Herodes tinha tentado matar um menino de 2 anos de idade chamado Jesus, que na cabeça dele era de Belém. Seus pais eram Maria e José, os mesmos nomes dos pais daquele nazareno que agora intrigava os mestres.

Com certeza esse burburinho chegou aos ouvidos de Antipas, que passou a ficar com a pulga atrás da orelha:

Será que o menino que meu pai jurava ter matado ainda está vivo?

Será que o novo rei por direito ainda está vivo?

Teria a família dele fugido para Nazaré?

> Quando seus pais o viram, ficaram perplexos. Sua mãe lhe disse: "Filho, por que você nos fez isto? Seu pai e eu estávamos aflitos, à sua procura" (Lc 2:48).

Podemos entender completamente essa aflição de Maria e José, pois não se tratava apenas do sumiço do menino, o que já seria bastante preocupante, mas sim da primeira visita deles em Jerusalém após o atentado contra os infantes, cidade tomada por soldados romanos e sacerdotes corruptos, sob os olhos sanguinários de Herodes.

Aqui, mais uma vez a narrativa bíblica é interrompida. Após esse episódio no Templo, Jesus ressurge nas páginas da Bíblia já com 30 anos de idade. Mais um espaço que nos permite conjecturar.

É bem possível que, após Jesus ter chamado atenção no Templo, os olhos de Herodes, Anás e Caifás tenham se voltado com um pouco mais de atenção para Nazaré. Uma simples ronda de uma legião romana sobre um vilarejo como Nazaré seria o suficiente para dezenas de mortes.

Então, dentro dessa narrativa que construo, Jesus carrega consigo a história de que, após seu fascínio no Templo, por causa da sua aparição, Nazaré recebeu a averiguação violenta dos romanos, resultando na morte de alguns locais, inclusive seu pai, José, que morreu tentando defender e esconder a família.

Isso nos ajuda a compreender ainda mais o episódio da rejeição em Nazaré. Não era a primeira nem a segunda vez que Nazaré recebia a violenta visita de uma legião romana por causa de Jesus. Cada vez que um destacamento do exército visitava um vilarejo, o resultado era morte e destruição.

Você consegue imaginar o que representa a imagem de um camburão da polícia subindo uma favela?

Historicamente, a polícia representa morte nas periferias, e é dessa forma que as pessoas que moram em comunidades olham para uma viatura da PM. "Medo" e "desconfiança" são as duas palavras mais usadas por moradores de favelas para descrever seu sentimento em relação à Polícia Militar – pelo menos é o que apontou um levantamento feito com mais de 6 mil pessoas, entre 2015 e 2016, numa pesquisa do Laboratório de Pobreza, Violência e Governança (Rodrigues, 2018). Para a pesquisa, foram entrevistados moradores da Cidade de Deus, Providência, Rocinha, Batan e Maré.

Entre os entrevistados, 16% relataram que um amigo, um conhecido ou um membro da família foi assassinado por um policial, e 20% afirmaram que suas casas já foram invadidas por forças de segurança, sofreram agressões e têm algum familiar que foi agredido por policiais. Também foi solicitado aos participantes que definissem qual era o sentimento que a maioria da comunidade demonstrava em relação aos policiais que atuavam em sua favela, e a maioria disse medo, desconfiança, indiferença, desrespeito e raiva.

Se uma unidade da polícia pacificadora (UPP) é vista assim ainda nos dias de hoje, com o avanço dos direitos humanos, mídia, denúncias e celulares com câmeras por toda parte, imagine como era conviver com uma UPP romana em sua cidade. Pois era exatamente assim que agiam as legiões romanas, esses destacamentos que se instalavam nas cidades dominadas.

Por falar em legião, parece-me que Jesus tinha um problema específico com uma legião romana. Partindo do pressuposto de que seu pai tinha sido morto justamente na visita de um desses destacamentos a Nazaré, podemos concluir qual era essa legião, pois é a mesma que Jesus enfrenta no episódio que conhecemos como "O endemoniado gadareno".

PORCOS FARDADOS

Porcos fardados pensam
que são homens
Mas na verdade não honram
nem o seu sobrenome
Bezerra eu peço licença
para falar seu nome.

"Porcos fardados"
Planet Hemp

PORCOS
ARDAD

CAPÍTULO 11

A esta altura do campeonato você já entendeu perfeitamente o que é uma teocracia e como ela funciona, e compreendeu que as leis que temos relatadas no Antigo Testamento não eram apenas leis religiosas, e sim a legislação de todo o povo de Israel, além de ser a vontade do próprio Deus. Para um judeu, transgredir uma lei do Antigo Testamento era a certeza de que, além de você ser um criminoso, um fora da lei, você também era um profano, um amaldiçoado, alguém que tinha a antipatia do próprio Deus.

Então imagine qual era a condição de todo um povoado que estava sendo submetido a viver diariamente profanando as próprias leis de purificação religiosa.

Gadara – 27 d.C.

> E chegaram ao outro lado do mar, à província dos gadarenos.
> E, saindo ele do barco, lhe saiu logo ao seu encontro, dos sepulcros, um homem com espírito imundo;
> O qual tinha a sua morada nos sepulcros, e nem ainda com cadeias o podia alguém prender;

> Porque, tendo sido muitas vezes preso com grilhões e cadeias, as cadeias foram por ele feitas em pedaços, e os grilhões em migalhas, e ninguém o podia amansar.
> E andava sempre, de dia e de noite, clamando pelos montes, e pelos sepulcros, e ferindo-se com pedras.
> E, quando viu Jesus ao longe, correu e adorou-o (Mc 5:1-6).

Jesus agora se dirige a Gadara, região conhecida como Decápolis, que é um nome greco-romano. Não se trata de uma cidade, mas de um "estado" formado por 10 cidades independentes que contavam com alguns privilégios junto a Roma, como terem cada qual a sua moeda. Esses privilégios eram concedidos justamente às cidades que mais disseminavam a cultura romana no Oriente, não causavam muitos problemas e até aderiram ao culto ao imperador.

Tradicionalmente esse texto é interpretado como o exorcismo de um homem possuído pelo demônio, e não vou entrar nesses méritos aqui, de quando começou a ideia de demônios e possessões, visto que não há nenhuma menção disso no Antigo Testamento. Estamos falando justamente de uma nova configuração na religião judaica, construída a partir de um sincretismo com babilônicos e persas, durante os exílios. Então, o que você precisa entender é que um judeu não pensava a possessão e os demônios da mesma forma como o cristianismo pensa hoje em dia. Isso faz esse texto sobre a visita de Jesus em Gadara se tornar bastante intrigante, uma vez que tem vários pontos que não fazem o menor sentido. Vejamos.

O primeiro ponto que chama atenção é o comportamento do gadareno. Diferentemente de outros encontros que Jesus teve com supostos espíritos malignos, esse homem vai ao encontro de Jesus, prostra-se diante dele e o adora.

> E, quando viu Jesus ao longe, correu e adorou-o (Mc 5:6).

Eu sei que seu antigo pastor já lhe explicou isso, dizendo que o diabo imita a adoração, que ele é o pai da mentira e blá-blá-blá. Faria sentido se esse texto tivesse sido escrito pelo seu antigo pastor, mas o caso é que temos que ler o texto a partir dos elementos culturais que o autor tinha em sua época. Esse movimento de se prostrar e adorar não é um comportamento diabólico, pelo contrário: na narrativa sobre a tentação no deserto, é o diabo que exige ser adorado de joelhos.

O autor aqui está mostrando uma grave mudança de comportamento daquele homem, ou daqueles homens, visto que Mateus relata serem dois possuídos, enquanto Marcos e Lucas falam apenas sobre um. Essas informações conflitantes entre os evangelhos são bem comuns, visto que eles não consistiam em relatos jornalísticos como conhecemos hoje em dia – eram histórias, contos populares, que não traziam em si exatidão de datas, números e locais, mas sim a cena como um todo.

> E, clamando com grande voz, disse: Que tenho eu contigo, Jesus, Filho do Deus Altíssimo? Conjuro-te por Deus que não me atormentes (Mc 5:7).

Imediatamente a cena muda: aquele gadareno que se prostrou adorando Jesus, talvez enxergando nele a esperança de uma libertação, é tomado pela voz de uma multidão, à moda do filme *Fragmentado*. Aquele gadareno meio que muda de personalidade e começa a falar no plural, enxergando em Jesus não mais um ser digno de adoração, mas uma ameaça.

Esse endemoniado representa todo o povo daquela região, que tentava falar por si, mas era abafado pela voz de uma legião.

O segundo ponto que chama muita atenção nesse texto é que, quando Jesus pergunta o nome daquelas muitas vozes que falavam com o rapaz, a resposta não poderia ser mais esquisita:

> E perguntou-lhe: Qual é o teu nome? E lhe respondeu, dizendo: Legião é o meu nome, porque somos muitos (Mc 5:9).

A palavra utilizada ali na resposta é *legio*, um termo específico utilizado para falar sobre um destacamento das tropas romanas, uma legião romana.

Eu sei que, quando você pensa hoje em "legião", se você não estiver pensando na banda de *rock* de Brasília, você provavelmente vai pensar em uma legião de demônios, pois é assim que o senso comum interpreta esse texto, mas você precisa entender que, quando esse texto foi escrito, "legião" só significava legião mesmo, um destacamento das tropas romanas.

> E rogava-lhe muito que os não enviasse para fora daquela província (Mc 5:10).

Agora você precisa lembrar que os israelitas já conviviam com os romanos há pelo menos 200 anos. Israel tinha meio que virado uma província de Roma, e às centenas de anos parte do Império Romano tinha se alojado em território israelita. Havia um representante político, que era Herodes, e uns acordos religiosos no Templo, com Anás e Caifás, e tudo isso só era possível manter por causa da truculência do exército romano. Qualquer desobediência, qualquer revolta, qualquer rebelião, qualquer engraçadinho que ousasse questionar o poder de Roma era imediatamente aniquilado pela espada romana.

Em todo o território que hoje conhecemos como Palestina, principalmente nas partes periféricas, e sobretudo nas regiões montanhosas, que tinham visão privilegiada, ficavam acampados esses destacamentos das tropas romanas, chamadas de legiões. O trecho a seguir se refere a elas:

> E andava ali pastando no monte uma grande manada de porcos.
> E todos aqueles demônios lhe rogaram, dizendo: Manda-nos para aqueles porcos, para que entremos neles (Mc 5:11-12).

Eis o terceiro ponto de destaque, que é sem dúvida o mais impressionante, pois consiste na aproximação que o autor vai fazer entre a legião romana e a manada de porcos. E a coisa vai tão além, que o autor faz questão de cometer um erro, e aqui não é um erro de tradução para o nosso português: no grego está escrito exatamente que os porcos estavam "pastando" nos montes. Gente, eu sou um cara da cidade, mas até onde eu sei porco não pasta, muito menos nos montes. É óbvio que o autor está fazendo uma insinuação de que aquela legião romana que ficava nas regiões montanhosas, acampada, basicamente passava o dia inteiro comendo.

E quem financiava tudo isso?

Quem preparava todos os alimentos?

Como os milhares de soldados romanos conseguiam se alimentar?

Tudo vinha justamente desses acordos de Roma com essas cidades que absorviam melhor sua política, como a cidade de Gadara, que, pelo que podemos deduzir, cuidava de uma grande criação de porcos, para alimentar aquelas tropas.

> Também o porco, porque tem unhas fendidas, e a fenda das unhas se divide em duas, mas não rumina; este vos será imundo.
> Das suas carnes não comereis, nem tocareis nos seus cadáveres; estes vos serão imundos (Lv 11:7-8).

O porco é considerado um animal imundo para um judeu, não apenas no aspecto religioso mas também no aspecto legal. Não havia precedentes na história de Israel de uma comunidade judaica cuidando de porcos. E de repente temos em Gadara uma criação de porcos, como se a economia de toda aquela cidade dependesse disso. A configuração daquele homem possuído por um "espírito imundo" começa a ganhar sentido, afinal os gadarenos estavam sendo obrigados a lidar diariamente com o animal mais imundo de sua religião.

O quarto ponto impressionante sobre esse texto envolve essa aproximação direta que o autor faz entre aquela legião romana em específico e os porcos. De fato havia várias e várias legiões romanas, cada uma com seu próprio nome, cada uma com um contingente específico de homens, cada uma com o seu próprio grito de guerra, sua bandeira e sua insígnia. A legião mais conhecida nessa história foi a décima legião fretense, formada por um contingente de quase cinco mil homens, e foi a mesma legião que na década de 70 destruiu o Templo em Jerusalém.

Essa legião era fretense porque vinha pelas frotas, no mar, nos barcos. E adivinhe qual era o mascote dessa legião?

Exatamente, o porco.

Além de ser o mascote da décima legião, o porco era o animal ritualístico dos romanos, assim como o cordeiro o era para os hebreus. Então agora nós temos a equação fechada: havia de fato uma criação de porcos naquele lugar, afinal era dessa manada que os romanos tiravam seu alimento e seus sacrifícios ritualísticos. Era também uma grande afronta àquela cidade, visto que quem cuidava daqueles animais eram os gadarenos, os judeus.

> Os demônios imploraram a Jesus: "Manda-nos para os porcos, para que entremos neles". Ele lhes deu permissão, e os espíritos imundos saíram e entraram nos porcos. A manada de cerca de dois mil porcos atirou-se precipício abaixo, em direção ao mar, e nele se afogou (Mc 5:12-13).

A retirada dos porcos ocorreu justamente por onde eles chegaram: pelo mar.

Não sabemos exatamente o que aconteceu. Eu daria dois dedos da minha mão para assistir a essa cena completa, pois se não eram demônios que afligiam aquele povoado, se Jesus não expulsou aquela legião com sua unção e sua oração, se de fato era uma tropa de mais de cinco mil soldados fortemente armados e muito bem treinados, como é que Jesus teria conseguido expulsá-los daquela região?

Com um chicote, como aconteceu no Templo?

Com paus, pedras e meia dúzia de pescadores que gritaram de medo quando acharam ter visto um fantasma no mar?

Com qual autoridade e quais recursos Jesus executou essa façanha?

ACORDOS POLÍTICOS

CAPÍTULO 12

Cafarnaum – um dia antes

> Entrando Jesus em Cafarnaum, dirigiu-se a ele um centurião, pedindo-lhe ajuda (Mt 8:5).

Já abrimos mão daquele Jesus que resolvia tudo na base da oração, da unção e do poder cósmico, né?

Mas também está na hora de pensarmos além de um Jesus bruto, grosseiro, que só sabia resolver as coisas na base da chicotada e virando mesas. Uma explosão de raiva diante de uma situação extrema de injustiça não apenas é compreensível, como também chega a ser louvável, porém acima de tudo Jesus era extremamente inteligente e sabia que só havia uma forma de conseguir fazer algo pelo povoado de Gadara, libertando-os e trazendo-os para sua base, e não seria com força ou violência, mas sim com acordos políticos.

Na cronologia bíblica, um dia antes de Jesus chegar a Gadara, ele estava em Cafarnaum, e lá teve um encontro com um romano que ocupava um cargo de centurião.

O centurião, na hierarquia romana, era o cargo de quem comandava uma legião. Ou seja, um dia antes de Jesus enfrentar uma legião, ele se encontrou com um oficial legionário, justamente em Cafarnaum, a cidade rica mais próxima de Gadara. E com certeza em Cafarnaum morava o oficial daquela legião que estava alojada lá nos montes gadarenos.

O que nós temos aqui, então, é Jesus diante do oficial que comandava toda aquela tropa que um dia depois iria encontrar.

Esse encontro entre Jesus e o centurião pode ter sido de duas maneiras e, sinceramente, quero deixar você escolher aquela que faz mais sentido para você.

A primeira possibilidade é pensar no acaso. Jesus chega em Cafarnaum e, por ser um homem conhecido que estava prestando muitos favores às pessoas doentes, o centurião, sabendo da sua chegada, vai até ele a fim de pedir ajuda para curar o seu servo, que estava na cama. Após ajudá-lo, Jesus recebe informações sobre a tropa daquele centurião, descobre a situação pela qual os gadarenos estavam sendo obrigados a passar e, a partir de um acordo feito ali com o oficial, vai para as montanhas.

A segunda possibilidade é mais fria e estratégica. Jesus, na sua caminhada entre os excluídos, fazendo um trabalho de base entre os rejeitados, passando primeiro por Samaria e depois indo para Gadara, que era também um povoado bastante segregado entre os judeus, saberia exatamente da situação da tropa romana sobre aquele povoado, e precisava trazer mais pessoas para o seu grupo. Jesus, assim, vai para Cafarnaum justamente atrás daquele oficial, buscando uma aproximação e quem sabe uma ajuda para salvar seus irmãos gadarenos.

Eu particularmente gosto mais da segunda opção, pois, a partir do momento que seu primo João é preso, Jesus não dá nenhum passo que não fosse estratégico.

Partindo então do pressuposto de que Jesus chegou em Gadara com uma ordem do próprio centurião, para que aquela tropa deixasse imediatamente aquele local, temos que admitir que aquele centurião prestou um favor muito grande a Jesus.

Não haveria motivo algum para um centurião romano deslocar milhares de soldados que já estavam há anos instalados em um local a pedido de um camponês – a não ser que o favor feito por ele tivesse a mesma proporção.

E você já sabe a história: Jesus curou um servo daquele oficial. Entre milhares e milhares de servos que adoeciam e morriam na guerra diariamente, Jesus curou mais um. A pergunta é: Por que aquele centurião ficou tão grato? O que aquele servo tinha de especial?

Bem, dois dos evangelistas que retratam essa cena mostram claramente em seu texto a "qualidade" daquele servo, ou seja, que tipo de serventia aquele jovem rapaz oferecia ao seu patrão.

Antes, você precisa lembrar que estamos falando de um romano do primeiro século, um oficial de um império politeísta e com uma cultura completamente diferente da dos judeus, e da nossa.

Por exemplo, em todos os sistemas escravocratas era comum uma pessoa de posses ter um servo específico para cada necessidade, inclusive sexuais. Nesse caso, aquele centurião tinha em casa um servo (*doulos*) que um evangelista qualifica como PAÎS, que vem da mesma raiz da palavra PEDERASTA. Já outro evangelista o qualifica como *duolos entimos*, que significa literalmente "servo da intimidade".

Jesus estava diante de um homem que amava outro homem, e para ele Jesus disse o seguinte:

> Não encontrei em Israel ninguém com tamanha fé (Mt 8:10).

Entre Abraão, Isaac e Jacó; entre Davi, Salomão e Moisés; entre todos os cargos do Templo, os sacerdotes e o sumo sacerdote, entre todos os hebreus, inclusive o próprio, Jesus, disse que aquele homem era o que tinha mais fé.

MAIS ACORDOS, MENOS COERÊNCIA

ACORDOS
MENOS

CAPÍTULO 13

Cafarnaum – 27 d.C.

Jesus continua sua caminhada rumo a construir uma base forte que proporcionasse a ele voz, visibilidade e recursos para libertar seu primo da prisão e enfrentar aquele império opressor. Ele já tem um grupo de samaritanos, seus amigos e familiares de Nazaré, e agora um grupo de gadarenos, todos pessoas do campo e pescadores – um grupo forte para apoiá-lo, defendê-lo e até iniciar uma luta, se assim fosse necessário.

Mas nem só de força bruta se faz uma revolução. Jesus sabia que, para enfrentar o império, precisava conhecê-lo por dentro, e por isso ele toma uma das decisões mais contraditórias do seu ministério, chamando para sua base um publicano.

> E, depois disso, saiu, e viu um publicano, chamado Levi, assentado na recebedoria, e disse-lhe: Segue-me.
> E ele, deixando tudo, levantou-se e o seguiu (Lc 5:27-28).

Entender o que é um publicano é fácil: trata-se de um cobrador de impostos do Império Romano. Agora, para compreender o sentimento de um judeu em relação a um publicano, precisamos contextualizar, pois um publicano era justamente um judeu que trabalhava para o império cobrando impostos abusivos do seu próprio povo, servindo àqueles que o dominavam.

Além de serem vistos como traidores da pátria, todos os publicanos tinham fama de corruptos. Eram detestados e rejeitados pelos judeus, que não admitiam a cobrança de imposto. Como sua profissão era perigosa, já que eles eram vistos com maus olhos pelo povo judaico, ninguém se importava com a forma como os publicanos ampliavam suas fortunas. Por isso, era um cargo, via de regra, ocupado por pessoas sem escrúpulos.

Havia dois tipos de publicanos: os gerais, a quem cabia velar pelos tributos cobrados dos judeus ante o imperador; e os representantes de cada região, designados entre a própria população, como no caso de Mateus, e esses eram os mais odiados.

Um traidor com fama de corrupto que trabalhava diretamente para o império que Jesus enfrentaria: esse é o currículo do único apóstolo de que temos registrado com detalhes o chamado particular para seguir a Jesus.

Tal como PT e PMDB em 2010, ou Boulos e Marta em 2024, Jesus faz uma aliança duvidosa, que poderia causar-lhe muitos problemas – ou várias soluções, pois em se tratando de Mateus, um cobrador de impostos, estamos falando de um homem letrado, com certas posses, que conhecia por dentro o sistema do Império Romano e que com certeza tinha vários contatos lá.

Além de Jesus provocar o questionamento sobre a escolha de Mateus por parte dos seus seguidores, com esse acordo Jesus mune seus inimigos com argumentos contra a sua coerência:

> Então Levi ofereceu um grande banquete a Jesus em sua casa. Havia muita gente comendo com eles: publicanos e outras pessoas.
> Mas os fariseus e aqueles mestres da Lei que eram da mesma facção queixaram-se aos discípulos de Jesus: "Por que vocês comem e bebem com publicanos e 'pecadores'?" (Lc 5:29-30).

A narrativa que Jesus cria para justificar sua escolha de um publicano cala a boca dos seus críticos:

> Jesus lhes respondeu: "Não são os que têm saúde que precisam de médico, mas sim os doentes.
> Eu não vim chamar justos, mas pecadores ao arrependimento" (Lc 5:31-32).

Os discípulos de Jesus concordaram com seu líder e aceitaram Mateus em seu grupo. Já os fariseus e os críticos de Jesus engoliram em seco aquela atitude que, dentro da narrativa do arrependimento, tornava-se muito nobre. Mas teve alguém que não engoliu essa "conversinha" de Jesus e não gostou nada da escolha de Mateus como seguidor. Num estilo meio ligação de dentro da cadeia, João envia os seus discípulos para o questionar:

> Então, vieram a ele os discípulos de João, dizendo: Por que jejuamos nós e os fariseus muitas vezes, e os teus discípulos não jejuam? (Mt 9:14).

Pode parecer coisa boba, ou apenas uma dúvida teológica, mas esse questionamento dos discípulos de João mostra que ele próprio estava começando a ter dúvidas sobre Jesus, seus métodos e suas escolhas. E a resposta de Jesus indica que ele tinha total convicção do que estava fazendo, inclusive criticando o método de João, que ainda estava muito ligado ao sistema religioso. Vale lembrarmos que João foi criado pelos essênios, e por isso era um homem bastante religioso e moralista, e de certa forma ainda estava ligado às tradições, como o batismo.

A proposta de Jesus não era uma reforma nem uma aproximação com esse sistema, e sim uma total ruptura com o que estava posto. Ter sido questionado por seu próprio primo talvez tenha feito Jesus entender que precisava ser claro sobre sua proposta, sobre sua agenda e sobre em que consistia seu ministério. Assim, Jesus dá um passo de total ruptura, não só com a religião, por se tratar de uma teocracia, mas também, ao enfrentar a religião, com todos os poderes que estabeleciam o "Estado" de Israel.

Dessa forma, tal qual Zé do Caroço, Jesus sobe na pedra e começa a declarar seu manifesto, que talvez você conheça como "Sermão da Montanha".

O MANIFESTO DA LUTA

Quem costuma vir de onde eu sou
Às vezes não tem motivos pra seguir
Então levanta e anda, vai, levanta e anda

"Levanta e anda",
Emicida

MANIFEST
DA LUTA

CAPÍTULO 14

Manifesto é um gênero textual que consiste numa espécie de declaração formal, persuasiva e pública para a transmissão de opiniões, decisões, intenções e ideias. Seu objetivo principal é expor um ponto de vista publicamente ou mesmo para um indivíduo ou um grupo de pessoas, e normalmente tem cunho político. Faz parte do chamado gênero argumentativo, devido à sua natureza de tentar convencer o leitor por meio de argumentos. O manifesto é considerado uma importante ferramenta democrática, porque possibilita que todo indivíduo possa expressar publicamente o seu ponto de vista sobre uma situação ou um assunto, de temática social, política, cultural ou religiosa.

Essas definições de "manifesto" apresentadas no parágrafo anterior foram retiradas da internet, entre milhares de sites sobre "definições". Obviamente, esse conceito surgiu milhares de anos após aquele dia em que Jesus subiu ao monte para ensinar, mas quero mostrar como o que chamamos de "Sermão da Montanha" na verdade é o que temos de mais próximo de um MANIFESTO de Jesus.

De acordo com as normas literais, os manifestos apresentam uma estrutura livre, no entanto devem ter obrigatoriamente algumas características, como título, identificação e análise da problemática, argumentação sobre o assunto e apresentação de supostas soluções.

Jesus não escreveu nada, e os autores dos evangelhos só começaram a escrever dezenas de anos após a morte de Jesus, então não temos um manifesto escrito, muito menos um título. Mas, se pudéssemos imaginar qual título o próprio Jesus gostaria de dar ao seu discurso, ele seria: "LUTEM!"

Eu sei que você já tem uma ideia muito bem-formada sobre o "Sermão da Montanha", e alterar o termo "bem-aventurado" por "lutem" *a priori* não faz o menor sentido, mas vou mudar completamente o que lhe ensinaram sobre esse episódio. Para ressignificar as palavras de Jesus no sermão, precisamos ir além da expressão que foi utilizada na escrita, visto que Jesus discursou em aramaico, tendo uma cabeça de hebreu, mas tudo foi relatado em grego.

Mesopotâmia – 1710 a.C.

> Zilpa, serva de Lia, deu a Jacó mais um filho. Então Lia exclamou: "Como sou feliz! As mulheres dirão que sou feliz". Por isso lhe deu o nome de Aser (Gn 30:12-13).

Existem palavras, conceitos, que utilizamos rotineiramente mas não fazemos ideia de onde vêm, não é?

É isso que ocorre com o termo que aparece para nós, nas traduções em português, como "bem-aventurado", "feliz" ou "abençoado".

Quando Lia, mulher de Jacó, descobre que sua serva chamada Zilpa tinha dado à luz mais um filho homem, o que para uma mulher naquela condição era a maior bênção de todas, ela diz que se sentiu tão abençoada por Deus, que por isso deu ao menino o nome de Aser, que é o oitavo filho de Jacó e patriarca de uma das 12 tribos de Israel. "Aser" deriva da palavra hebraica *ashrei*, que é traduzida para nós como "bem-aventurado".

Você precisa entender que, na concepção de um hebreu antigo, não existia sentido figurado, era tudo muito literal. Por exemplo, quando o texto diz que "Deus endureceu o coração do faraó", na cabeça de um hebreu, além de o faraó ter se tornado menos flexível em suas decisões, literalmente seu coração havia endurecido. Não é uma figura de linguagem, é literal.

Então, quando alguém dizia ter sido abençoado por Deus, aquilo era um favor direto, pessoal, do próprio Criador para aquela pessoa. O sentimento é de "Ele me enxergou entre milhões". É nessa perspectiva de um favor direto, de uma ação direta do próprio Deus por alguém, que realmente significa o conceito "bem-aventurado".

No grego, idioma em que foi escrito o Novo Testamento, a palavra utilizada é *makarios*, mas lembre que Jesus era um monoglota de fala aramaica. Tudo o que ele disse foi proferido em aramaico, mas registrado em grego. Por isso o autor escolheu a palavra *makarios*, que na cultura grega traz essa ideia ainda mais forte de uma "bênção dos próprios deuses por você". Inclusive, a *makaria*, na mitologia grega, era de fato uma característica específica dos deuses, que eles compartilhavam apenas com poucos, os quais eram considerados abençoados.

Então, tanto o *ashrei* quanto o *makarion* eram pessoas que recebiam esse favor direto de alguém – no caso, Deus.

Mas existe ainda uma camada mais profunda desse termo, que, antes de se tornar um nome, trazia em si a ideia de andar, marchar, buscar seu próprio caminho, como afirma André Chouraqui (1996), um tradutor, ensaísta e poeta que durante quatro décadas se dedicou para nos dar uma nova visão sobre o Antigo Testamento e os evangelhos.

Um argelino de família sefaradi (judeus orientais), Chouraqui fez parte da resistência na França durante a Segunda Guerra Mundial e depois migrou para Israel, onde desde 1957 trabalhou incessantemente a favor da aproximação das comunidades espirituais. Ele diz o seguinte sobre o termo "bem-aventurado":

> A primeira palavra do Sermão da Montanha constitui-se no principal obstáculo à compreensão das palavras de Jesus. Felizes, bem-aventurados, repetem todos os tradutores de todas as línguas e dialetos de todos os séculos, exemplo típico de uma interpretação em uma única palavra supostamente conhecida num sentido diferente daquele que tinha originalmente. Porque Jesus não diz a palavra "makarioi" (grego), bem-aventurados ou felizes, ele pronuncia a palavra "ashréi". Mateus, imper-

turbavelmente fiel às tradições do judaísmo helenístico, traduz "ashréi" por "makarioi". "Ashréi" repete-se 43 vezes na língua hebraica. Essa exclamação tem como radical "ashar", que não evoca uma vaga felicidade, mas implica uma retidão (yashar) do homem marchando na estrada que leva ao Reino de Deus. Todos os dicionários do hebraico bíblico dão como primeiro sentido ao radical "ashar" o de marchar, ser feliz é um efeito secundário e tardio. O sentido fundamental de "ashar" é andar. Jesus não tem a crueldade de declarar felizes a multidão de deserdados, de opositores condenados pelas legiões romanas, por qualquer coisa que digam ao suplício da cruz, ou, na melhor das hipóteses, à escravidão nas galés ou nos bordéis do Império. Não se chamam felizes os homens enviados às torturas, aos massacres ou aos genocídios deste mundo. Jesus convida esses homens a se porem em marcha na direção do Reino de Deus, do qual ele lhes traz esperança e lhes abre a porta, introduzindo em seus corações a exigência e a dinâmica da salvação universal. Sim, porque falar de bem-aventurança ou felicidade na hora da partida equivale a se condenar à inação, a nunca se pôr a caminho do objetivo desejado – o Reino de Deus –, o único lugar de toda felicidade e de todas as bem-aventuranças do homem vivo e de pé, marchando na retidão do coração dedicado a Deus, à espera do Reino de Deus (Chouraqui, 1996, p. 83).

Fica assim então a tradução de Chouraqui (1996, p. 84):

> Em marcha, humilhados do Espírito Santo!
> Sim, eles são o Reino dos Céus!
> Em marcha os enlutados!
> Sim, eles estarão confortados!
> Em marcha os humildes!
> Sim, eles herdarão a Terra!
> Em marcha os famintos, e os sedentos por justiça!
> Sim, eles serão saciados!
> Em marcha os corações puros!
> Sim, eles verão a Deus!
> Em marcha os pacificadores!
> Sim, eles serão chamados filhos de Deus!
> Em marcha, os perseguidos por causa da justiça!
> Sim, eles são o Reino dos Céus!
> Em marcha, quando vos insultarem e vos perseguem, e mentindo vos acusam de todo crime, por minha causa.
> Regozijai-vos, exultai! Vossa recompensa é grande nos céus!
> Assim também perseguiram os inspirados, os que vieram antes de vós.

Eu não sei você, mas eu me arrepiei quando li pela primeira vez a tradução de Chouraqui, que conseguiu ir muito além da palavra escrita e pôde retratar o sentimento expresso na fala de Jesus.

Compreendendo essa complexidade da origem dos termos que definiram o conceito que Jesus utilizou, podemos concluir que o *ashrei* está relacionado àquele que avança no caminho para alcançar a própria bem-aventurança.

Galileia – 27 d.C.

Jesus passou por toda a Galileia, ensinando nas sinagogas, pregando as boas-novas do Reino e curando todas as enfermidades e doenças entre o povo.

> Notícias sobre ele se espalharam por toda a Síria, e o povo lhe trouxe todos os que estavam padecendo vários males e tormentos: endemoninhados, epiléticos e paralíticos; e ele os curou.
> Grandes multidões o seguiam, vindas da Galileia, Decápolis, Jerusalém, Judeia e da região do outro lado do Jordão (Mt 4:23-25).

Perceba o que levou Jesus a pensar nesse manifesto. Ele percorreu toda a região da Galileia, a banda pobre de Israel. Além de toda sua bagagem como um camponês nazareno, após conhecer algumas realidades cruéis, como a de Gadara, a de Genesaré e a do Tanque de Betesda, Jesus decide viajar por toda a região, passar em cada povoado, para conhecer de perto a realidade de seu povo.

> Vendo as multidões, Jesus subiu ao monte e se assentou. Seus discípulos aproximaram-se dele, e ele começou a ensiná-los, dizendo:
> "Bem-aventurados os pobres em espírito, pois deles é o Reino dos Céus" (Mt 5:1-3).

Ao contrário do que a maioria pensa, Jesus não falou para uma multidão, mas sim para seus discípulos, e o assunto era a multidão. Lembre-se de que um manifesto começa com a identificação e a análise da problemática, e é exatamente o que Jesus faz ao percorrer toda a região e construir seu próprio diagnóstico social.

Quando Jesus faz esse movimento de subir em algum local mais elevado, ele está utilizando o método rabínico de ensino, em que os discípulos, os alunos, aprendiam literalmente assentados aos pés do rabi.

O Apóstolo Paulo, por exemplo, fala sobre a faculdade em que se formou:

> Então Paulo declarou:
> "Sou judeu, nascido em Tarso da Cilícia, mas criado nesta cidade. Fui educado rigorosamente na Lei de nossos antepassados, aos pés de Gamaliel" (At 22:2-3).

Então, quando Jesus se afastou e se assentou, seus discípulos entenderam que era a hora em que Jesus iria ensinar.

> Vendo as multidões, Jesus subiu ao monte e se assentou (Mt 5:1).

Jesus está um pouco acima do nível da multidão e seus discípulos estão à sua volta. Eles acabaram de percorrer toda a região mais pobre da Galileia, e o resultado social de um povo submetido a uma teocracia emparelhada com um império autoritário está diante dos seus olhos. Pobreza, fome, morte, dor – Jesus literalmente enxerga tudo isso olhando para aquela multidão, metros abaixo.

Ele se lembra do pai, morto pelo fio de uma espada romana. Ele se lembra do seu povo sendo extorquido para conseguir comprar uma pomba no Templo. Ele pensa no primo, preso injustamente. Jesus entende que a única saída é a total ruptura com os poderes que governam seu povo até então. Começa seu manifesto de libertação deixando claro quais são as prioridades, e a primeira palavra desse manifesto é "Lutem!"

Na leitura mais tradicional desse texto, em minha humilde opinião, Jesus se torna um grande otário porque, diante desse diagnóstico social, ele teria dito mais ou menos o seguinte: "Gente, o importante é ser feliz, mesmo com a fome, com a morte, com a dor, é só você ter fé que um dia, na eternidade, tudo vai melhorar".

Percebe como essa interpretação não coaduna com o caráter revolucionário do Jesus que estamos vislumbrando até agora?

Como assim, "abençoado" é quem chora?

Como assim, "feliz" é o pobre?

Que conversa é essa de que quanto mais eu sofro, mais eu tenho que ser grato?

Mas agora, com o entendimento completo do termo *ashrei*, tendo a tradução maravilhosa de Chouraqui, podemos ter uma melhor compreensão do tal sermão: "Em marcha, marchemos, avante, bora, lutemos!"

Entendendo esse sentimento e traduzindo para nossos dias, de dentro da nossa alma brasileira, permita-me interpretar esse texto para você:

> Lutem pelos pobres!
> Sim, eles são o Reino dos Céus!
> Lutem por aqueles que estão de luto.
> Só assim eles serão confortados!
> Lutem pelos humilhados!
> Sim, a terra também é direito deles.
> Lutem pelos famintos e sedentos por justiça!
> Assim eles serão saciados!
> Lutem os de coração puro!
> Assim verão a Deus!
> Lutem pela paz!
> Assim serão chamados filhos de Deus!
> Lutem pelos perseguidos por causa da luta!
> Sim, deles é o Reino dos Céus!
> E vocês, permaneçam na luta quando os insultarem e perseguirem, criando *fakes* contra vocês, por minha causa.
> Sintam-se alegres, pois a recompensa é grande nos Céus!
> Assim também perseguiram os inspirados
> que lutaram antes de vocês.

Eu não vou entrar nos detalhes de cada elemento desse manifesto/sermão, pois pretendo em breve escrever um texto específico sobre ele. Quem sabe, se tudo der certo, se você gostar dessa leitura e pedir outra à editora, posso trazer em sequência um livro apenas sobre o manifesto da luta. Mas é necessário que você entenda minimamente a estrutura desse manifesto, que é basicamente a seguinte:

- O diagnóstico social – Mt 4
- O chamamento do povo – Mt 5:1a
- O destacamento dos líderes – Mt 5:1b/2
- O grito do manifesto (lutem) – Mt 5:3-12
- Estratégia de posição – Mt 5:13-16
- Abaixo à constituição vigente – Mt 5:17-48
- A ética do seguidor – Mt 6:1-4
- A espiritualidade do seguidor – Mt 6:5-18
- O estilo de vida do seguidor – Mt 6:19-34
- A vida comunitária do seguidor – Mt 7:1-12
- Conheça seu inimigo – Mt 7:13-27

> E aconteceu que, concluindo Jesus este discurso, a multidão se admirou da sua doutrina; Porquanto os ensinava como tendo autoridade; e não como os escribas (Mt 7:28-29).

UMA NOVA FAMÍLIA

UMA NOVA FAMÍLIA

CAPÍTULO 15

O manifesto de Jesus ganha grande proporção. Aquele camponês, que até então tinha movimentado algumas dezenas de pessoas, agora tinha uma grande multidão que o ouvia, o seguia e concordava com sua ideia revolucionária.

João está preso pelas mãos de Herodes. O pai, José, morrera anos atrás pela mesma espada. Nazaré expulsou Jesus. Anás e Caifás já sabem da existência desse arruaceiro nazareno.

Você consegue mensurar o impacto disso na vida de Jesus?

E sua família sofria todo esse impacto junto com ele. Além de se mudarem à força de Nazaré, sua terra natal, para Cafarnaum, é lógico pensarmos que por onde eles caminhavam e moravam eram conhecidos como a família de Jesus, o cara do manifesto.

> Então Jesus entrou numa casa, e novamente reuniu-se ali uma multidão, de modo que ele e os seus discípulos não conseguiam nem comer. Quando seus familiares ouviram falar disso, saíram para apoderar-se dele, pois diziam: "Ele está fora de si" (Mc 3:20-21).

A família não aguentou o tranco e resolveu fazer uma intervenção em Jesus, tentando prendê-lo à força. Talvez por medo de tudo o que poderia acontecer com esse enfrentamento, talvez pela lembrança da morte de José causada pelos romanos, ou talvez realmente por acreditarem que Jesus estava fora de si, que não estava em plenas condições neurais e emocionais, e que por isso era necessário pará-lo.

Não é nada fácil ser malcompreendido por sua própria família, mas esse é o peso que todos os que rompem com velhas estruturas carregam. Retomo:

> E vocês, permaneçam na luta, quando lhes insultarem e perseguirem, criando *fakes* contra vocês, por minha causa.
> Sintam-se alegres, pois a recompensa é grande nos Céus!
> Assim também perseguiram os inspirados que lutaram antes de vós.

Jesus foi o primeiro a ser testado em suas próprias palavras. Ele sabia que, além de ser malcompreendido por seus familiares, estaria os colocando em risco, e isso o fez tomar uma dolorosa decisão:

> Então chegaram a mãe e os irmãos de Jesus. Ficando do lado de fora, mandaram alguém chamá-lo.
> Havia muita gente assentada ao seu redor; e lhe disseram: "Tua mãe e teus irmãos estão lá fora e te procuram".
> "Quem é minha mãe, e quem são meus irmãos?", perguntou ele.

> Então olhou para os que estavam assentados ao seu redor e disse: "Aqui estão minha mãe e meus irmãos!
> Quem faz a vontade de Deus, este é meu irmão, minha irmã e minha mãe" (Mc 3:31-35).

Jesus rompe com sua família, até porque ele sabia dos perigos que enfrentaria. Seu pai já havia sido morto, de certa forma, por sua culpa. Jesus não suportaria a culpa pela morte da mãe. Afastar-se da família era uma maneira de protegê-la.

Para entendermos melhor a relação de Jesus com sua família, é necessário compreendermos a estrutura de uma família judia de dois mil anos atrás.

É bem comum fazermos aquela leitura anacrônica dos textos, lendo conceitos bíblicos com a nossa definição atual daquele mesmo conceito. Por exemplo, em Nazaré, a "família" abrangia tudo: desde o lugar de nascimento (isto é, de fato a região geográfica), a escola da vida (ou seja, os ensinamentos que um judeu recebia dia após dia de todos que estavam ao seu redor), até a garantia de trabalho ao herdar o ofício do pai. Então, a família de Jesus não se reduzia àquele pequeno lar formado pelo pai, pela mãe e pelos irmãos. Estendia-se a todo o clã familiar, que normalmente estava sob uma autoridade patriarcal.

Logo, Jesus viveu integrado numa família mais extensa, que vai além daquele núcleo de pai, mãe e filhos, e numa aldeia como Nazaré, de centenas de pessoas, essa família extensa de Jesus podia chegar a ser uma boa parte da população, ou quase toda.

Quando Jesus rompe com Nazaré, sendo expulso do seu próprio clã familiar, e depois com sua família nuclear, ou seja, mãe e irmãos, ele está desmembrado de literalmente tudo o que constitui como um judeu.

Hoje em dia nós temos essa noção de vivermos sozinhos. Quantas pessoas você não conhece (quem sabe você não seja uma delas?) que, basicamente, vivem sozinhas, com muito pouco ou quase nenhum contato com um familiar? Mas isso na cabeça de um judeu, na época de Jesus, era incabível. Fazer parte de uma família, de um clã, de uma aldeia era a base de tudo para um ser humano.

Por isso, Jesus desloca seu eixo familiar para outro local, não mais vinculado a DNA, geografia ou tradições, mas sim estabelecido sobre uma escolha de viver em comunidade a vontade de Deus:

> Quem faz a vontade de Deus, este é meu irmão, minha irmã e minha mãe (Mc 3:35).

A nova família de Jesus é constituída das pessoas que decidiram viver essa nova proposta, esse novo estilo de vida ensinado por ele. Os evangelistas registraram alguns nomes desse núcleo familiar – é o que, pela tradição, conhecemos como "os 12 apóstolos", e até são citados seus nomes. Mas sabemos que a escolha do número 12 tem um significado dentro da cultura dos hebreus. Sem querer entrar nesses pormenores, estamos cientes de que o bando que andava com Jesus não era composto só de 12 pessoas, e muito menos apenas de homens. Inclusive, há relatos de nomes de mulheres, coisa extremamente atípica na literatura judaica antiga, e Lucas registra as mulheres que não apenas seguiam Jesus, mas também financiavam seu ministério:

> Depois disso, Jesus ia passando pelas cidades e povoados proclamando as boas-novas do Reino de Deus. Os Doze estavam com ele,
> e também algumas mulheres que haviam sido curadas de espíritos malignos e doenças: Maria, chamada Madalena, de quem haviam saído sete demônios;
> Joana, mulher de Cuza, administrador da casa de Herodes; Susana e muitas outras. Essas mulheres ajudavam a sustentá-los com os seus bens (Lc 8:1-3).

Maria Madalena você já conhece. Suzana, no momento, não nos interessa. Mas não sei se você reparou que uma das mulheres é Joana, mulher de Cuza, nada mais nada menos do que um PROCURADOR de Herodes.

Eu não disse que cada passo de Jesus era um passo político?

Guarde esses nomes, Joana e Cuza, pois eles serão muito importantes a seguir.

UM DIA DE HORROR

UM DIA D
HORRO

CAPÍTULO 16

Sergipe – 1938 d.C.

O dia 28 de julho de 1938 ficou marcado para sempre, não só na cultura nordestina brasileira como também na história de todo o nosso país. Foi o dia em que a PM sergipana realizou uma emboscada que executou a sangue-frio Virgulino Ferreira da Silva, mais conhecido como Lampião, o rei do cangaço. Além dele, também foram assassinados naquele dia Maria Bonita, esposa dele, e outros 33 membros do cangaço.

A história de Lampião é marcada por muito caos, infância sofrida, problemas familiares, problemas com a justiça, problemas com homens poderosíssimos da sua época, problemas com políticos, problemas com donos de fazenda, problemas com coronéis – enfim, problemas com todas as estruturas que historicamente abusaram da própria autoridade e criaram a cada dia uma revolta no coração daqueles que eram vítimas desse abuso. Isso criou também no menino Virgulino um desejo de justiça, e ao mesmo tempo um ódio que o moveu durante décadas, fazendo-o lutar, literalmente, com bravura e violência contra todo esse sistema.

É impossível não criar um paralelo com a história de Jesus e João.

A história dos cangaceiros você já deve conhecer – se não conhece, conheça! –, assim como você já ouviu falar sobre o final macabro dos restos mortais de Lampião e todo seu bando: todos tiveram suas cabeças decepadas a golpe de facão e colocadas em latas com querosene. Esse troféu macabro foi exposto ao público de várias cidades de Alagoas, antes de chegar a Maceió, quando foram levadas ao Instituto Médico Legal para comprovação da identidade dos mortos.

As rádios, principal veículo de comunicação na época, transmitiam o tempo todo o ocorrido, e os jornais estampavam nas primeiras páginas as fotografias das cabeças decepadas dos cangaceiros. Inclusive, graças ao avanço da tecnologia, hoje temos essa triste foto em uma versão colorida, com boa resolução. Se você achar que deve, pesquise na internet.

Os relatos da época diziam que todos queriam comprar o jornal estampado com essa foto como lembrança. Por onde o cortejo bizarro passava, juntava milhares de curiosos, querendo ver as cabeças. Os corpos mutilados e ensanguentados foram deixados a céu aberto, atraindo até animais. Na cidade de Piranhas, Alagoas, as cabeças foram arrumadas na escadaria da prefeitura, junto com armas e apetrechos dos cangaceiros, e fotografadas – uma das fotos mais icônicas desse dia. Seguiram depois para diversas cidades do Nordeste, onde foram expostas, atraindo muita gente. O espetáculo mórbido teve efeito: cangaceiros de outros grupos se entregaram, uns com medo da barbárie, outros de olho na anistia prometida a quem delatasse os companheiros.

No fim das contas, a PM da época teve sua conquista: mostrou sua "força" demorando quase 20 anos para capturar um bando de cangaceiros, mas, quando o fez, fez com tanta violência que amedrontou todos os outros.

Galileia – 28 d.C.

Finalmente chegou uma ocasião oportuna. No seu aniversário, Herodes ofereceu um banquete aos seus líderes mais importantes, aos comandantes militares e às principais personalidades da Galileia.

Quando a filha de Herodias entrou e dançou, agradou a Herodes e aos convidados. O rei disse à jovem: "Peça-me qualquer coisa que você quiser, e eu lhe darei".

E prometeu-lhe sob juramento: "Seja o que for que me pedir, eu lhe darei, até a metade do meu reino".

Ela saiu e disse à sua mãe: "Que pedirei?" "A cabeça de João Batista", respondeu ela.

Imediatamente a jovem apressou-se em apresentar-se ao rei com o pedido: "Desejo que me dês agora mesmo a cabeça de João Batista num prato".

> O rei ficou muito aflito, mas por causa do seu juramento e dos convidados, não quis negar o pedido à jovem.
> Assim enviou imediatamente um carrasco com ordens para trazer a cabeça de João. O homem foi, decapitou João na prisão
> e trouxe sua cabeça num prato. Ele a entregou à jovem, e esta a deu à sua mãe.
> Tendo ouvido isso, os discípulos de João vieram, levaram o seu corpo e o colocaram num túmulo (Mc 6:21-29).

Enquanto Jesus lutava para libertar o primo da prisão, criando uma base de apoiadores, iniciando trabalhos sociais e andando por Galileia, Samaria, Gadara e todas as regiões menos citadas nos livros hebraicos, chega a notícia: seu primo, amigo e confidente está morto. Não apenas morto, mas executado e exposto de forma macabra. Você tem alguma dúvida de que Jesus tenha visto a cabeça de João exposta?

Depois voltaremos a falar do sentimento de Jesus ao ver essa cena bizarra, mas antes quero chamar sua atenção para os motivos que levaram a essa desgraça.

Herodias não queria apenas vingança contra João, pois para isso bastava a morte antecedida de um açoite, como era de costume. Ela queria se vingar também daqueles que o amavam, que o seguiam, mostrando em público a cabeça decepada de João numa bandeja e mandando um recado claro para Jesus e seus seguidores: vocês serão os próximos!

A pergunta é: Por que todo esse ódio?

O próprio texto explica: João tinha denunciado a relação entre Herodes e Herodias, e é aqui que muitos se enganam, achando que eles eram amantes. Não eram. Herodes e Herodias eram casados, legalmente falando, e todos sabiam da relação deles. A questão de João contra essa relação é que Herodes e Herodias eram parentes.

Herodias casou-se primeiro com seu meio-tio, que era meio-irmão de seu pai, outro filho de Herodes o Grande (com sua terceira esposa, Mariamne) – filho que costumava ser chamado de Herodes Filipe (para diferenciá-lo de Filipe, o governante distrital de Itureia e Traconites). No entanto, Herodias divorciou-se e casou-se com o meio-irmão dele, Herodes Antipas, também filho de seu avô, que igualmente se divorciou da sua primeira esposa, filha do Rei Nabateu Aretas, da Arábia, a fim de se casar com Herodias.

Aparentemente, a casa de Herodes era tão animada quanto a casa da Flordelis.

João, criado pelos essênios, legalistas, denunciou essa relação parental em algum momento da sua caminhada. Mas foi uma denúncia vazia, ninguém pareceu se importar com isso, a não ser a própria Herodias, que nutriu por ele um ódio em seu coração e, quando teve a oportunidade, vingou-se. Mas penso que isso não seria o suficiente para todo esse ódio. Lembre-se de que estamos falando de Herodes e Herodias, edomitas com uma cultura completamente diferente da de um judeu religioso legalista. Não me parece que a denúncia moralista teria esse peso a ponto de suscitar tal atitude do Herodes, que sabia o tamanho do problema que teria em matar João.

A questão é que se relacionar entre parentes era muito comum para Herodes, Herodias e todos daquela cultura. Sinceramente, não creio que ser "criticado" por João devido a esse comportamento tenha surtido algum efeito no coração de Herodias.

Isso sem falar do prêmio de que ela abriu mão. Segundo a promessa de Herodes, ela poderia pedir qualquer coisa, até metade do reino, mas ela optou pela vingança.

Parece que tem algo faltando aí.

E é aí que a gente vai ter que entrar na história de Cuza.

Você já tinha percebido que no corpo de patrocinadores do grupo de Jesus estava a tal da Suzana, que era a esposa de Cuza, nada mais nada menos do que o procurador de Herodes?

Não é possível que achemos isso mera coincidência.

Tem algo mais aí.

BANDIDAS

BANDIDA

CAPÍTULO 17

Susã – 483 a.C.

> Ao sétimo dia, quando o Rei Xerxes já estava alegre por causa do vinho, ordenou que os sete oficiais que o serviam: Meumã, Bizta, Harbona, Bigtá, Abagta, Zetar e Carcas, trouxessem à sua presença a Rainha Vasti, usando a coroa real, para mostrar sua beleza aos súditos e aos nobres, pois ela era muito bonita.
> Quando, porém, os oficiais transmitiram a ordem do rei à Rainha Vasti, esta se recusou a ir, de modo que o rei ficou furioso e indignado (Est 1:10-12).

É também com um banquete e um rei bêbado que começa a história da maior heroína do povo de Israel: a Rainha Ester.

A história de Ester se inicia quando o povo de Israel está cativo na Babilônia. O rei persa, Assuero, após mandar embora sua primeira esposa, a Rainha Vasti, estava buscando uma nova companheira para se tornar a nova rainha. Nesse intuito, organizaram uma competição de beleza, no melhor estilo conto de fadas, para a qual mulheres de todo o reino foram convidadas. No meio dessas mulheres estava

Ester, uma jovem hebreia criada por Mardoqueu, um dos cativos trazidos de Jerusalém por Nabucodonosor. Ester ganha a competição e vira a nova rainha da Pérsia.

A grande jogada de Ester é que ninguém sabia que ela era judia, nem mesmo o rei.

No meio dessa trama aparece Hamã, um amalequita de alto cargo no reinado persa que queria destruir completamente os judeus, como Hitler tentou fazer na Segunda Guerra Mundial, que acabou com seis milhões de judeus mortos. Mas para isso acontecer ele necessitava da aprovação do rei.

A proposta de Hamã era a execução em massa de todos os judeus que estavam sob domínio dos persas. Basicamente, Hamã denunciou o povo judeu, que não cumpria as leis do rei, e sim as leis do próprio Deus, além de oferecer grande quantia em dinheiro ao monarca, conseguindo assim a permissão dele para aniquilar o povo hebreu. A única coisa que faltava para total extermínio dos hebreus era uma data, e de forma sádica Hamã escolheria o dia através de um sorteio, que traduzido para o hebreu é *purin*.

Assim, o rei solta um decreto ordenando o ataque à população – ele, até então, não fazia ideia de que aquele era o povo de sua amada Ester, a qual por sua vez temia se revelar como judia ao rei.

Provavelmente você conhece o desfecho dessa história, até porque, se Ester não tivesse conseguido salvar seu povo, não haveria Israel, não haveria Jesus, não haveria cristãos, não haveria o Berlofa, e muito menos este livro.

Ester não somente salva seu povo da aniquilação como também convence o rei a dar toda a estrutura necessária para os hebreus retornarem a Israel e se restabelecerem.

É uma infiltrada no reino rival, que consegue de forma genial usar a própria estrutura inimiga a favor da sua luta.

Essa frase pode ser aplicada tanto a Ester como a Joana, mulher de Cuza.

Galileia – 27 d.C.

Retomo estes versículos:

> Depois disso, Jesus ia passando pelas cidades e povoados proclamando as boas-novas do Reino de Deus. Os Doze estavam com ele,
> e também algumas mulheres que haviam sido curadas de espíritos malignos e doenças: Maria, chamada Madalena, de quem haviam saído sete demônios;
> Joana, mulher de Cuza, administrador da casa de Herodes; Susana e muitas outras. Essas mulheres ajudavam a sustentá-los com os seus bens (Lc 8:1-3).

Sabemos que mulheres judias, via de regra, não tinham bens ou recursos financeiros. Mas existem algumas maneiras como, talvez, algumas mulheres tivessem adquirido recursos: (1) uma herança, caso o pai tivesse morrido sem filhos homens; (2) uma propriedade dada a ela; (3) um dinheiro recebido após o divórcio, conforme o valor estipulado num contrato matrimonial; (4) os rendimentos resultantes do patrimônio do marido falecido; ou (5) rendimentos pessoais, incluindo dinheiro ganho na prostituição. No caso específico de Joana, é bem mais fácil rastrear de onde vinha o dinheiro dado ao bando de Jesus, afinal o marido dela era quem cuidava de toda a fortuna de Herodes.

Pense o seguinte comigo. Obviamente Cuza, marido da Joana, por ser alto funcionário de Herodes, tinha um bom salário. E a princípio podemos imaginar que era dos bens de Cuza que Joana retirava sua parte que doava a Jesus. Mas é complicado pensar nisso a partir do contexto da época, visto que, se Cuza administrava os bens de um governador, ele também era um bom administrador dos próprios bens. Logo, considerar que uma mulher superconhecida, uma espécie de *socialite* da época, conseguiria desviar uma quantia considerável de dinheiro do salário do próprio marido é possível, porém improvável.

Imaginar também que o próprio Cuza, braço direito de Herodes, doava de bom grado seu dinheiro ao Ministério de Jesus é ainda mais improvável, para não dizer um delírio. Então, conjecturo que esse dinheiro vinha dos bens do próprio Herodes e que Joana, com seus muitos contatos, conseguia desviar parte da verba, criando assim um caixa dois de onde retirava as doações.

Talvez inspirada pela história de Ester, Joana, no melhor estilo Robin Hood da Judeia, tirava dinheiro do caixa de Herodes, o tirano, para alimentar a base daquele que um dia poderia enfrentá-lo.

Você está entendendo?

Joana fez o próprio Herodes bancar o trabalho de Jesus.

Largue o livro agora e aplauda essa mulher!

Mas nem todas as histórias têm um desfecho parecido.

A coragem e a atitude de Ester salvaram o povo hebreu. A mesma coragem e a mesma atitude de Joana, que *a priori* ajudou muito a causa de Jesus, em certo momento despertou uma ira no coração de sua rival, Herodias, que ao descobrir o esquema da mulher de Cuza, desviando do seu próprio dinheiro para bancar um bando de vagabundos, mandou um recado sádico e violento para todos: a cabeça de João numa bandeja.

LUTO OU LUTA

E Jesus, ouvindo isto, retirou-se dali num barco, para um lugar deserto, apartado (Mt 14:13).

LUTO OU
LUTA

CAPÍTULO 18

Tudo tinha acabado. Jesus não tinha mais forças para continuar. Seu primo, amigo, braço direito e mestre havia sido executado da forma mais bárbara possível, e assim como a PM sergipana teve seu êxito ao expor o horror empreendido contra os cangaceiros, não apenas Jesus mas também todos do grupo viram a cena, todos assistiram ao horror. Todo o grupo estava enfraquecido.

Jesus estava de luto, desesperado, com raiva, com ódio, com medo. O pai fora morto de maneira semelhante anos atrás, e ele carregava consigo a culpa. A família tinha sido expulsa de sua cidade natal, além do fato de Jesus ter rompido com sua própria família para protegê-la. E agora isso?

Na primeira vez em que Jesus vai para o deserto enfrentar seus demônios, tinha ao seu lado o amigo. João foi fundamental para que Jesus iniciasse sua luta, mas agora, novamente no deserto, local familiar para ambos, Jesus não estava sem ninguém.

Jesus foi expulso de Nazaré. Teve de se afastar de sua família. Seu pai está morto. João está morto. Joana foi descoberta, correndo também risco de vida.

E tudo isso para quê?

O império de Herodes continua intacto. Anás e Caifás continuam no poder. César, provavelmente, ainda nem sabe da existência de Jesus. São muitas perdas para pouco resultado.

Será que vale a pena perder tanto?

Toda essa luta para quê?

Todo esse esforço para quem?

E nesses momentos mais escuros é que o divino se manifesta.

> Ouvindo o que havia ocorrido, Jesus retirou-se de barco em particular para um lugar deserto. As multidões, ao ouvirem falar disso, saíram das cidades e o seguiram a pé.
> Quando Jesus saiu do barco e viu tão grande multidão, teve compaixão deles e curou os seus doentes (Mt 14:13-14).

Antes, a pomba desceu sobre Jesus em seu batismo, mostrando para ele mesmo e para todos que a luta de Jesus seria pelos pobres, pelos oprimidos e pelo povo. Agora, não tem mais pomba, não tem mais símbolos, não tem céu se abrindo, nem voz de Deus. Mas tem o povo!

No luto de Jesus, prestes a desistir, Deus se manifesta mais uma vez para ele, não por uma sarça ardente, não por uma coluna de fogo, não de forma sobrenatural, mas da forma mais natural possível: os rostos desesperados e famintos de milhares de pessoas que enxergavam em Jesus sua única e última esperança. Pessoas que ouviram da boca de Jesus o Manifesto da Luta e que agora estavam ali, desamparadas, como ovelhas sem pastores.

> [...] e possuído de íntima compaixão [...] (Mt 14:14).

A palavra traduzida para "íntima compaixão" significa "vísceras". É aquela sensação de estômago revirando, sabe?

Ao se deparar com alguma situação estarrecedora, seu organismo reage, seu intestino se solta, você sente ânsia de vômito.

Jesus, ao ver aquela multidão totalmente dependente dele no momento de maior fragilidade da sua caminhada, sente o peso da responsabilidade e entende definitivamente que sua luta não era apenas contra Herodes, contra Anás, contra Caifás ou contra César. Sobretudo, sua luta era a favor do povo.

Em tempos difíceis, o luto se transforma em verbo.

Impedido de vivenciar o luto pela perda do primo devido ao peso da responsabilidade de ter se colocado como uma referência, Jesus administra a dor e, de algum lugar dentro de si, retira forças para continuar.

Mas uma chave foi virada na cabeça de Jesus. Uma perda do tamanho da que Jesus passou com seu primo faz qualquer um repensar seus métodos, seus propósitos, suas intenções.

Jesus já sabia que a luta individual de cada um não surtiria quase nenhum efeito. Mas agora tinha entendido que a luta coletiva, quando esse coletivo se junta apenas para a luta, não faz o menor sentido, pois a luta não é o fim. A luta é um meio.

Ela é um instrumento que um grupo usa para reivindicar seus direitos, mas antes de haver a luta tem que haver o grupo, e é nesse instante que uma ideia começa a ser formada na cabeça de Jesus.

João estava convencido de que Jesus não deveria andar sozinho, e para isso propôs ao primo o método do discipulado, que ele próprio utilizava. Em outras palavras, João tinha os seus próprios discípulos e orientou Jesus a fazer o mesmo. Jesus acatou essa orientação e chamou o seu corpo de discípulos, aqueles que andaram com ele, bem de perto, até o último dia da sua vida. Mas Jesus sabia que a sua vida um dia teria fim, e se sua mensagem estivesse centrada apenas em sua pessoa, quando ele partisse os discípulos iriam se dispersar.

Jesus estava de luto, questionando seus próprios métodos, e diante dele havia uma multidão faminta – com fome literal, fome de justiça e até fome de vingança. Seus discípulos mais próximos estavam perdidos e amedrontados. E é nesse contexto que nasceu a ideia que perpetuaria a mensagem e a luta de Jesus. É exatamente nesse momento que Jesus decide que o seu método não seria o rabínico, com discípulos e sinagogas, pois esse sistema ainda apresentava uma forte hierarquia e meritocracia.

Ele ainda não tinha um nome para esse movimento, que até então era chamado de "Jesus e seus discípulos", ou no máximo se falava sobre um tal "Reino de Deus", conceito emprestado também de João, que foi quem começou a pregar sobre um Reino de Deus em oposição ao reino de César.

Jesus tem os seus discípulos, tem o povo, tem uma missão – a implantação do Reino de Deus em oposição ao reino de César. Só não tem um nome ainda para isso, até porque Jesus tem um problema maior e mais urgente para resolver bem na sua frente: milhares de pessoas famintas.

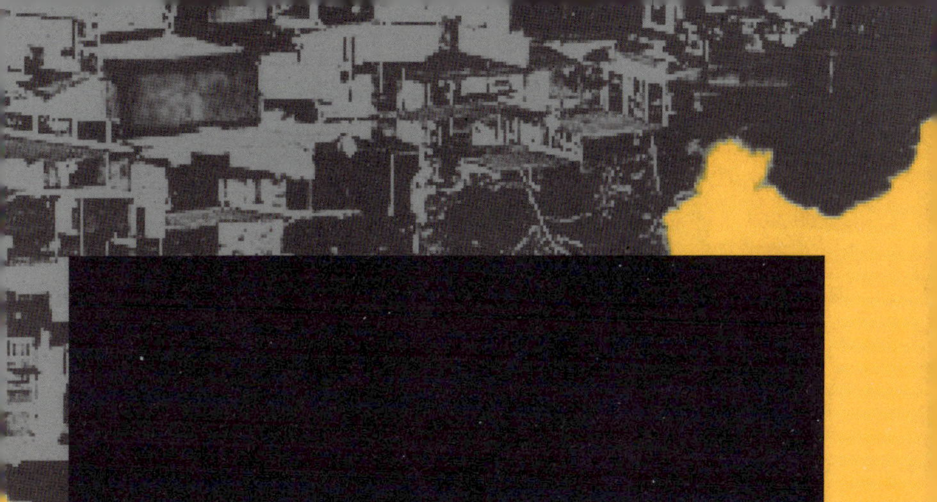

MILAGRE NÃO É MÁGICA

MILAGRE NÃ
É MÁGICA

CAPÍTULO 19

Assim, eles se afastaram num barco para um lugar deserto.
Mas muitos dos que os viram retirar-se, tendo-os reconhecido, correram a pé de todas as cidades e chegaram lá antes deles.
Quando Jesus saiu do barco e viu uma grande multidão, teve compaixão deles, porque eram como ovelhas sem pastor. Então começou a ensinar-lhes muitas coisas.
Já era tarde e, por isso, os seus discípulos aproximaram-se dele e disseram: "Este é um lugar deserto, e já é tarde.
Manda embora o povo para que possa ir aos campos e povoados vizinhos comprar algo para comer".
Ele, porém, respondeu: "Deem-lhes vocês algo para comer". Eles lhe disseram: "Isto exigiria duzentos denários! Devemos gastar tanto dinheiro em pão e dar-lhes de comer?"
Perguntou ele: "Quantos pães vocês têm? Verifiquem". Quando ficaram sabendo, disseram: "Cinco pães e dois peixes".
Então Jesus ordenou que fizessem todo o povo assentar-se em grupos na grama verde.
Assim, eles se assentaram em grupos de cem e de cinquenta.

> Tomando os cinco pães e os dois peixes e, olhando para o céu, deu graças e partiu os pães. Em seguida, entregou-os aos seus discípulos para que os servissem ao povo. E também dividiu os dois peixes entre todos eles. Todos comeram e ficaram satisfeitos, e os discípulos recolheram doze cestos cheios de pedaços de pão e de peixe. Os que comeram foram cinco mil homens (Mc 6:32-44).

Eu sei que você já leu essa passagem da multiplicação ou já ouviu uma mensagem sobre esse texto dezenas de vezes, e todas elas lhe apresentaram a mesma situação: diante uma escassez de comida, Jesus de forma milagrosa ou mágica, multiplicou alguns pães e alguns peixes. Mais especificamente, de sete pães e alguns peixes, como diz o capítulo 8 de Marcos, ou cinco pães e dois peixes, como diz o capítulo 6.

Ou seja, de alguns pães e peixes Jesus fez brotar mais pão e mais peixe, a ponto de alimentar aquela grande multidão.

Antes de lhe explicar de fato o que aconteceu nessa passagem quero que pense: Você já se perguntou sobre alguns problemas que essa tradução mais comum tem? Por exemplo:

1) Se havia apenas alguns pães e alguns peixes, de onde saíram os 12 cestos que sobraram no final?

2) Você já imaginou o tempo que demoraria para, a partir de cinco pães mágicos que se regeneravam conforme eram cortados, servir uma multidão de 10 ou 15 mil pessoas?

3) Aliás, entre milhares de pessoas, famílias completas, pais, mães e seus filhos que foram ao deserto procurar Jesus, ninguém levou nenhuma comida?

Numa cultura em que se tinha a tradição de carregar alimento, afinal cada viagem era muito longa por não haver transporte e veículos e a maioria não possuía animais, era habitual carregar consigo os alimentos em cestos. Inclusive, os pães sem fermento e vinho não estragam tão facilmente, por isso eram tão comuns.

Agora, se você observar o texto com mais atenção, primeiro vai perceber que a palavra "multiplicação" não aparece, a não ser no subtítulo que algumas traduções colocaram. Outra coisa importante a se observar é o fator simbólico dos números. Você bem sabe que, quando estamos falando de números no texto bíblico, ou em qualquer outro texto judaico antigo, eles representam muito mais do que a quantidade que cada um indica.

Por exemplo, o número 40, que aparece dezenas de vezes no texto bíblico, de fato significa uma quarentena, um período de tempo indeterminado.

40 dias chovendo no dilúvio.

40 dias de Moisés no monte.

40 anos do povo no deserto.

40 dias de Jonas em Nínive.

40 dias de Jesus no deserto.

40, 40, 40...

Ou o número 40 representa a nossa quarentena, que não necessariamente é composta por 40 dias, visto que acabamos de sair de uma quarentena de mais de dois anos devido à covid-19, ou em toda a história de Israel houve uma grande coincidência e tudo aconteceu em 40 dias ou 40 anos.

Qual faz mais sentido?

Assim como o número 12, o número 6 e vários outros números aparecem no texto bíblico representando símbolos, algo além da sua quantidade. E com o número 7 não é diferente. Perceba que no capítulo 8, quando perguntada a quantidade de pães e peixes que o grupo tinha, a resposta é "sete". Da mesma forma, no capítulo 6, em que se fala de uma outra multiplicação, ao ser questionada a quantidade, a resposta é "cinco pães e dois peixes" (5 + 2 = 7).

Talvez você já tenha ouvido falar que o 7 representa o número da perfeição e por isso é atribuído ao próprio Deus. E de fato o 7 representa um número absoluto, imensurável, incontável.

No meio de uma multidão de 15 mil pessoas, quantos pães e peixes nós temos?

Quanta comida existe entre essas milhares de pessoas?

A resposta é: sete.

Impossível mensurar, impossível contar.

Imagine, era uma multidão de 15 mil pessoas, levando consigo a própria comida, mas muitos outros, e quem sabe até a maioria, sem nada ou quase nada. E obviamente aqueles que levaram mais, com medo de faltar – afinal eles não sabiam quanto tempo ficariam ali –, relacionavam, escondiam, não distribuíam com aqueles que não tinham.

Diante dessa problemática social, que vai muito além de uma organização numérica, pois fala também do paradigma que aquelas pessoas tinham em relação umas às outras, Jesus, que já estava com aquela ideia na cabeça, agora encara um problema social que se apresenta à sua frente. Sabendo que resolver o problema imediato não seria o suficiente, porque aconteceria outras vezes ou em outras situações, além do problema em si Jesus queria mudar aquele paradigma envolvendo o modo como uma pessoa enxergava a outra. E Jesus, de forma divina, resolve aquele problema de má distribuição de alimentos ao mesmo tempo que ensina um novo paradigma para aquele povo, que já daria a base para aquela tal ideia que estava na cabeça de Jesus.

Numa multidão de 15 mil todo mundo é igual, ninguém tem nome. Agora, quando em pequenos grupos, as pessoas olham umas para as outras, sabem os nomes umas das outras, conhecem as angústias e os problemas umas das outras. Em grupos de 50 ou 100 pessoas, ao olhar nos olhos daquele que nada tem, como não distribuir?

> Assim, eles se assentaram EM GRUPOS DE CEM
> E DE CINQUENTA.
> Tomando os cinco pães e os dois peixes e, olhando para o céu, deu graças e partiu os pães. Em seguida, entregou-os aos seus discípulos para que os servissem ao povo. E também dividiu os dois peixes entre todos eles.
> Todos comeram e ficaram satisfeitos,
> e os discípulos recolheram doze cestos cheios de pedaços de pão e de peixe (Mc 6:40-43).

Olhando esses grupos sentados na grama e se ajudando, se apoiando e dividindo tudo o que tinham é que Jesus idealizou aquilo que mais para frente ganharia o nome de IGREJA.

A INVENÇÃO DA IGREJA

A INVENÇÃ
DA IGRE

CAPÍTULO 20

Cesareia – um mês depois...

> E também eu te digo que tu és Pedro, e sobre esta pedra edificarei a minha igreja, e as portas do inferno não prevalecerão contra ela (Mt 16:18).

Existe algo muito particular no pensamento fundamentalista dos cristãos, que é desconsiderar toda a história do mundo que acontecia ao mesmo tempo que a história do povo hebreu se desenrolava. Na cabeça do fundamentalista, o Antigo Testamento retrata basicamente a história da humanidade. Isso sem contar que o nosso Antigo Testamento tem um buraco, um espaço vazio, um hiato de tempo, uma página em branco na história, literalmente falando.

Eu me refiro aos 400 anos que antecedem ao nascimento de Jesus, que na tradição cristã é um período conhecido como "400 anos de silêncio". Esse momento é representado por uma página em branco em algumas traduções da Bíblia que dividem o Antigo e o Novo testamentos.

Acontece que a sociedade em que Jesus vivia não era nada parecida com a sociedade do Antigo Testamento, visto que a história do povo hebreu passou por muitas oscilações. Após a narrativa da saída do Egito, Moisés escreve várias leis para guiar aquele primitivo povo recém-formado, e logo em seguida começa a Era dos Juízes, fazendo as leis acontecerem – foi a primeira organização de governo dos hebreus. Depois, com Saul, Davi e Salomão, inicia-se a Era dos Reis, que só terminou com a divisão do reino em duas partes (Reino do Norte e Reino do Sul) e os exílios (assírio, babilônico e persa). Tudo isso estava acontecendo dentro de uma teocracia que visava ao cumprimento daquelas leis dadas a Moisés pelo próprio Deus.

Ou seja, independentemente se era rei ou juiz, esses governantes estavam abaixo da "vontade de Deus", e é exatamente isso que significa uma teocracia:

teos = Deus

kratos = poder

Sendo assim, um hebreu só conhecia um único modelo de organização social – aquele em que o próprio Deus ditava sua vontade através de um mediador que detinha todo o poder. Dar uma opinião, votar em algo e ser ouvido não eram práticas da sociedade judaica.

O que mais se assemelhava a isso eram as sinagogas, que só foram fundadas nesse período dos 400 anos de silêncio, já numa tentativa de expandir a religião judaica, a qual até então era toda centrada no Templo na capital. Mesmo assim, as sinagogas seguiam o modelo teocrático do Templo, sendo dirigidas por alguém que respondia diretamente a Anás e Caifás, e eles por sua vez "respondiam diretamente a Deus".

Ao longo dos 400 anos citados muita coisa aconteceu, como guerras e uma série de revoltas, e dois fatores principais mudaram completamente o rumo da construção da sociedade em que Jesus viveria.

Um desses fatores é a chegada do Império Romano e seu domínio sobre Israel, o que já mencionei neste texto. O segundo fator, tão importante quanto, é a formação de um outro império, porém mais efêmero: ao mesmo tempo que o Império Romano chegava em território israelita, do outro lado do Mar Mediterrâneo se estruturava e se expandia o grandessíssimo império grego macedônico, que teve como principal líder Alexandre o Grande.

É até difícil mensurar com exatidão o tamanho da influência dos gregos sobre a sociedade do povo hebreu, e ainda mais sobre os relatos de toda essa história. Veja que o Novo Testamento foi todo escrito em grego, mesmo sendo uma história basicamente hebraica.

Os filósofos, a cultura grega, a estruturação política, tudo já havia chegado em Israel na época de Jesus, inclusive o termo que ele utilizou, "Igreja", que em grego é *eklesia*, um dos pilares da democracia grega.

Os gregos foram os primeiros a pensar nesse modelo de democracia, coisa que um hebreu desconhecia, a começar pelo conceito:

demos = povo

kratos = poder

Como assim, "o povo no poder"?

E Deus?

Em geral, a democracia é a prática política de distribuição, de alguma maneira, do poder e das decisões políticas em meio aos cidadãos, o povo.

A democracia ateniense era bastante restrita, estendendo-se apenas a quem se enquadrava no conceito de cidadania para eles. Somente os cidadãos atenienses poderiam tomar parte das decisões da pólis, e esse acesso precisava seguir algumas normas que variaram em alguns momentos entre a legislação dos três pais da democracia: Sólon, Clístenes e Péricles, também conhecido como Periclão.

Basicamente, para ser considerado um cidadão grego você tinha que ser filho de pai e mãe gregos, ser maior de 20 anos, ter servido ao exército, ser proprietário de terras e ser livre (visto que a democracia grega considerava a escravidão algo essencial para o desenvolvimento da sociedade).

A democracia grega era uma boa base, mas ainda tinha muitos defeitos, pois grande parte do POVO não era contemplada – eram excluídos dessa democracia ESTRANGEIROS, ESCRAVOS, POBRES, MULHERES e CRIANÇAS.

Eu me lembro de quando li o livro chamado *Justiça generosa*, de Timothy Keller (2013), no qual ele afirma que Deus ama e defende quem tem menos poder econômico e social. O autor também aponta a justiça – o *mishpat* – como cuidar da causa dos órfãos, das viúvas, dos estrangeiros e dos pobres, o *quarteto da vulnerabilidade*, que abrangeria refugiados, trabalhadores imigrantes, os sem-teto e os muitos idosos e pais/mães que cuidam sozinhos dos filhos (Keller, 2013).

Tanto para o povo hebreu como na democracia grega, esse quarteto da vulnerabilidade (os pobres, estrangeiros, escravos, mulheres e crianças) não eram considerados cidadãos, seres humanos, nem mesmo filhos de Deus.

Isso explica por que Jesus era cercado por esse tipo de pessoa.

Agora precisamos entender de fato o que significa essa *eklesia* que Jesus pede.

De forma resumida, para não gastarmos muitas linhas falando sobre estruturação da democracia grega antiga, primeiramente você deve saber que essa democracia se estruturava sobre dois pilares: a Bulé e a Eclésia.

A Bulé era algo parecido com o nosso Congresso, ou pelo menos com o que ele deveria ser: um grupo seleto de representantes do povo que, juntos, determinam os rumos da sociedade. Esses homens que compunham essa Bulé eram representantes das Eclésias, grupos regionais, abertos aos cidadãos, que visavam discutir problemas da sociedade local. As Eclésias se reuniam, discutiam e deliberavam, e seus representantes se juntavam com os representantes de outras Eclésias, formando assim a Bulé, que determinava as leis e os caminhos que a sociedade e a democracia grega seguiriam.

É exatamente isso: a Eclésia foi inventada para ser uma base da democracia, tendo o povo como base, não uma base de crescimento, como as instituições religiosas fazem hoje em dia, mas a base da essência, das ideias, da "cara" daquele povo. Por isso, quando vemos igrejas evangélicas apoiando uma tentativa de golpe, uma ditadura teocrática, é de cair o orifício rugoso das nádegas, não é?

A democracia grega tinha uma ótima premissa: PODER AO POVO, justamente a base da luta de Jesus. Mas ao mesmo tempo tinha pontos de incoerência, afinal parte do povo ficava de fora.

Por isso Jesus resolve estruturar A SUA *EKLESIA*.

Cesareia – 28 d.C.

> E, chegando Jesus às partes de Cesareia de Filipe, interrogou os seus discípulos, dizendo: Quem dizem os homens ser o Filho do homem?
> E eles disseram: Uns, João o Batista; outros, Elias; e outros, Jeremias, ou um dos profetas.
> Disse-lhes ele: E vós, quem dizeis que eu sou?

> E Simão Pedro, respondendo, disse: Tu és o Cristo, o Filho do Deus vivo.
> E Jesus, respondendo, disse-lhe: Bem-aventurado és tu, Simão Barjonas, porque to não revelou a carne e o sangue, mas meu Pai, que está nos céus.
> E também eu te digo que tu és Pedro, e sobre esta pedra edificarei A MINHA IGREJA, e as portas do inferno não prevalecerão contra ela (Mt 16:13-18).

A Igreja avança contra o inferno!

E agora que você sabe exatamente o que é uma igreja – um grupo que busca justiça na sociedade –, fica mais fácil de entender o inferno.

Em toda a Bíblia, temos cinco palavras que foram traduzidas como "inferno". Nesse caso, a palavra é *hades*, do grego, que tem sua raiz de interpretação no *sheol*, do hebraico veterotestamentário. Ou seja, *sheol* e *hades* são equivalentes e significam literalmente "lugar dos mortos".

Bem, lugar dos mortos ou lugar de morte pode ser aplicado de várias formas numa construção literária. Vejamos o salmista utilizando o *sheol* para falar de uma tristeza profunda, uma espécie de depressão:

> Ó Senhor, Deus que me salva, a ti clamo dia e noite.
> Que a minha oração chegue diante de ti; inclina os teus ouvidos ao meu clamor.
> Tenho sofrido tanto que a minha vida está à beira da sepultura!

> Sou contado entre os que descem à cova; sou como um homem que já não tem forças.
> Fui colocado junto aos mortos, sou como os cadáveres que jazem no túmulo, dos quais já não te lembras, pois foram tirados de tua mão.
> Puseste-me na cova mais profunda, na escuridão das profundezas.
> Tua ira pesa sobre mim; com todas as tuas ondas me afligiste. Pausa.
> Afastaste de mim os meus melhores amigos e me tornaste repugnante para eles. Estou como um preso que não pode fugir (Sl 88:1-8).

Como disse, literalmente *sheol/hades* significa "lugar dos mortos", ou seja, sepultura, cemitério, cova, onde os mortos são colocados. Mas também pode ser utilizado de forma figurativa, fazendo uma comparação de uma tristeza com um "lugar de morte", ou seja, um inferno. Nesse caso, o *hades* perde seu significado literal e ganha uma nova aplicação figurativa.

Aqui já temos duas possíveis aplicações desse termo, uma literal e outra figurativa, mas na sociedade do Novo Testamento essa expressão ganha uma nova dimensão, transformando-se em um adjetivo que qualificava alguns lugares considerados locais de morte e de tristeza na sociedade.

Quando passamos pelas ruas do centro de São Paulo, ou pelas ruas dentro da cracolândia, nosso coração é inclinado a pensar "Que lugar infernal", pois de fato é. No texto bíblico, esses ambientes de invisibilidade humana, guetos, vielas, eram chamados de *hades*, verdadeiros infernos sociais. O Tanque de Betesda, por exemplo, local onde se reuniam todos os doentes da cidade, com certeza era chamado de inferno, por causa do que lá havia. Imagine uma piscina, numa sociedade de dois mil anos atrás, sem nenhuma fiscalização sanitária, onde se agrupavam tuberculosos, leprosos e todo tipo de enfermidade e, para piorar, existia uma disputa para receber a cura.

Jesus, ao saber de um ambiente infernal como esse, faz exatamente o que agora ele ordena aos seus discípulos: "Avança!" Retomemos a fala de Jesus:

> [...] edificarei A MINHA IGREJA, e as portas do inferno não prevalecerão contra ela (Mt 16:18).

A missão da *eklesia* é fazer da sociedade um lugar justo para todos, e para isso ela terá que avançar contra todos os infernos sociais. Lembre-se da tradução de Chouraqui: EM MARCHA! LUTEM!

Assim nasce a Igreja de Jesus, um grupo de discípulos que avança contra todo tipo de injustiça.

A VINGANÇA DE HERODES

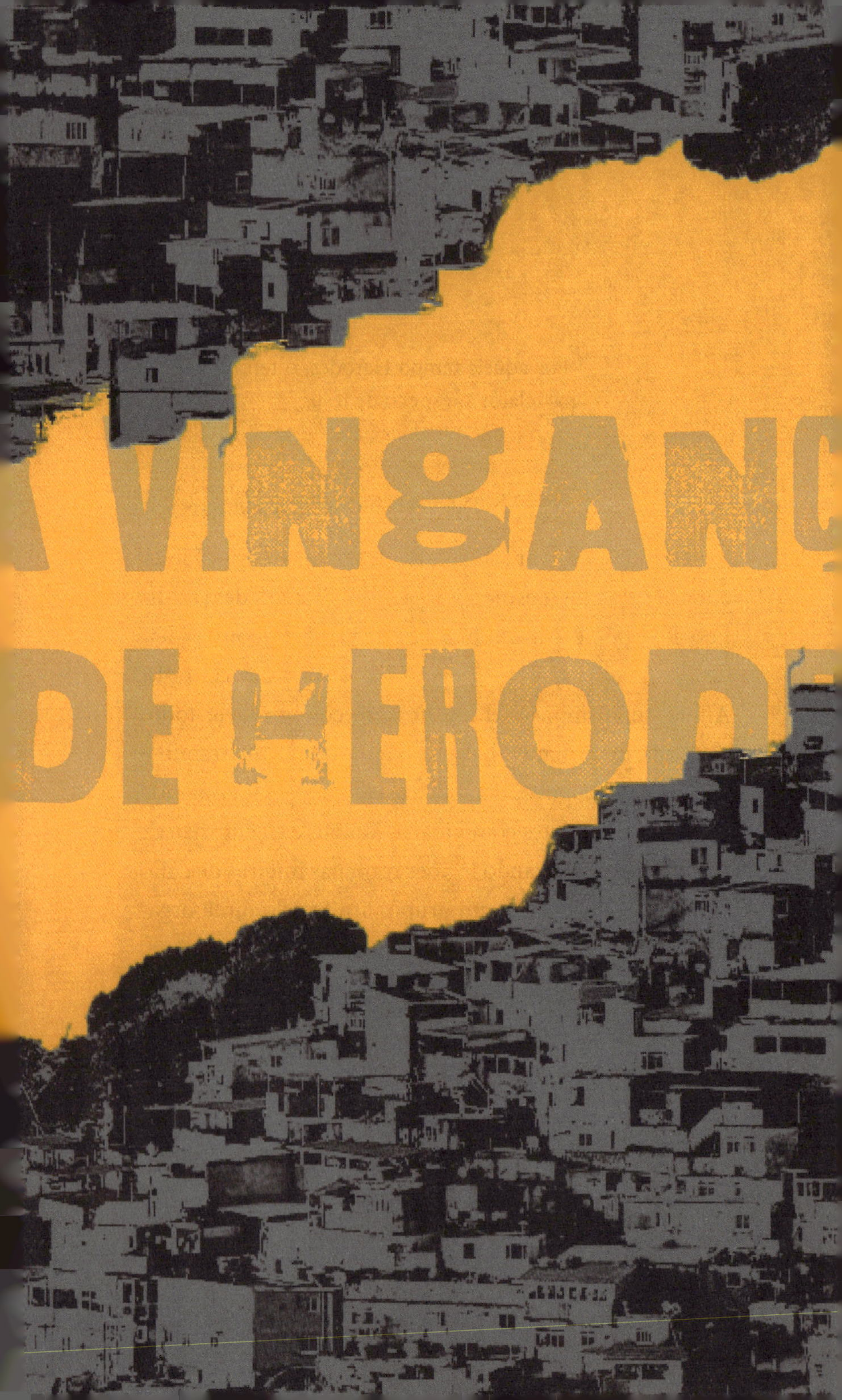

CAPÍTULO 21

> Por aquele tempo Herodes, o tetrarca, ouviu os relatos a respeito de Jesus
> e disse aos que o serviam: "Este é João Batista; ele ressuscitou dos mortos! Por isso estão operando nele poderes miraculosos" (Mt 14:1-2).

Herodes, ao ficar sabendo de tudo o que esse tal Jesus andava fazendo, mesmo após tantas tentativas de pará-lo, fica desesperado, assombrado, atormentado com a ideia de que João, a quem degolara dias atrás, veio cobrá-lo. Afinal, seria impossível um homem comum fazer todos os prodígios e maravilhas que Jesus andava realizando – organizando o povo, denunciando injustiças, cooptando pessoas importantes como Joana, Mateus e o centurião de Cafarnaum, expulsando legiões romanas inteiras de cidades e agora formando um grupo, um legado, uma organização chamada "Minha Igreja" para perpetuar sua luta.

> Naquela mesma hora alguns fariseus aproximaram-se de Jesus e lhe disseram: "Saia e vá embora daqui, pois Herodes quer matá-lo" (Lc 13:31).

Agora a caça a Jesus estava aberta. Herodes, como tetrarca, ordenou que seus soldados vasculhassem toda a região da Galileia, território sobre o qual tinha total controle, para que prendessem Jesus com a intenção de matá-lo.

Jesus, ao saber disso, tem algumas opções: (1) fugir completamente das terras de Israel, encerrando assim todo o movimento que havia começado; (2) ficar na Galileia e com certeza morrer pelas mãos de Herodes; (3) sair da jurisdição de seu inimigo, afinal Herodes só tinha poder na Galileia, pois em Jerusalém, capital, havia outros donos, outras facções que tomavam conta, como Anás e Caifás, Pilatos e o próprio César, que obviamente ficava em Roma, mas tinha seus principais olheiros nas capitais que ele ocupava – nesse caso, Jerusalém.

Como fugir não seria uma opção, a questão é: onde morrer?

Onde sua morte seria mais vista?

Onde sua execução poderia se tornar um martírio?

Onde a exposição do seu corpo ganharia uma nova dimensão além da morte?

> E lhes respondeu: Ide e dizei àquela raposa: eis que eu expulso demônios, e efetuo curas, hoje e amanhã, e, no terceiro dia, sou consumado. Importa, porém, caminhar hoje, amanhã e no dia seguinte, para que não suceda que morra um profeta fora de Jerusalém (Lc 13:32-33).

Jesus dá um recado: "Expulso até demônio, vou ter medo de uma raposa? Se quiser me matar, Herodes, entra na fila, mas terá que fazer isso na capital, aos olhos de todos" – não nos campos quase desertos da Galileia, onde facilmente seria executado e jogado numa vala sem que ninguém soubesse.

Assim, Jesus dá um passo corajoso e arriscado e sai da jurisdição de Herodes para entrar em território de outros inimigos ainda mais poderosos, que também já o haviam jurado de morte:

> Então os fariseus saíram e começaram a conspirar com os herodianos contra Jesus, sobre como poderiam matá-lo (Mc 3:6).

Então, Jesus está jurado de morte em todo território de Israel. A conta é simples: na Galileia sua morte seria iminente, existindo o risco de absolutamente ninguém ficar sabendo; já na Judeia, em Jerusalém, por mais próximo que Jesus estivesse de outros inimigos, ele estaria longe das garras de Herodes, com quem tinha uma rixa pessoal e o qual só tinha certas "influências" na capital.

Portanto, em Jerusalém Herodes teria mais dificuldade de colocar as mãos em Jesus.

> Importa, porém, caminhar hoje, amanhã e no dia seguinte, para que não suceda que morra um profeta fora de Jerusalém (Lc 13:33).

Jesus decide ir para Jerusalém sabendo que dificilmente sairia vivo de lá. Mas na capital sua morte poderia ganhar um novo sentido, uma nova dimensão. Afinal, agora ele já havia estabelecido uma base, se tornado conhecido em todas as regiões, reunido ao seu redor todos os grupos sociais esquecidos pelo Estado e pela religião. Já havia estabelecido lideranças que continuariam sua luta, já havia "escrito" seu manifesto e até já havia até fundado sua organização, chamada "Minha Igreja".

Jesus entende que não tem mais nada a perder com a morte, uma vez que já havia perdido o pai, o melhor amigo e muitos companheiros. Sua mãe, sua última e mais preciosa preocupação, continuaria correndo risco de vida enquanto ele estivesse vivo.

Nessa altura, a morte seria uma solução.

Jesus morreu para salvar!

Jesus morreu para salvar, primeiro, sua querida mãe. Ele demonstra toda essa preocupação com ela quando na cruz, agonizante, em seus últimos suspiros, pede a João (apóstolo) que cuide dela, pois sabia a dificuldade da vida de uma viúva.

Jesus morreu para salvar seus amigos, que também corriam risco ao andar com ele, pois estava jurado de morte, mas seus discípulos, até então, não.

Jesus morreu para salvar sua luta, porque não há nada mais potente para inspirar pessoas e iniciar uma revolução do que um mártir. Sabia que sua morte seria uma chancela para tudo o que ele havia iniciado.

Jesus morreu para salvar a história daqueles que jamais aceitariam qualquer tipo de opressão, daqueles que se inspirariam em sua vida e se revoltariam com sua morte, tipo você e eu.

Bem, você conhece o fim dessa história. Ela já foi contada milhões de vezes ao longo de dois mil anos. Não há *spoiler*, não há novidades, não há atualizações. Nessa história o final não é feliz.

> Ouvindo isso, Pilatos perguntou se Jesus era galileu.
> Quando ficou sabendo que ele era da jurisdição de Herodes, enviou-o a Herodes, que também estava em Jerusalém naqueles dias (Lc 23:6-7).

Herodes estava em Jerusalém quando Jesus é finalmente preso. Como eu disse, em Jerusalém Herodes não tinha muito poder, mas tinha bastante influência.

Com algumas informações privilegiadas e molhando a mão de alguns guardas, Herodes tem acesso ao prisioneiro Jesus.

> E Herodes, quando viu a Jesus, animou-se, porque havia muito que desejava vê-lo, por ter ouvido dele muitas coisas; e esperava que lhe veria fazer algum sinal (Lc 23:8).

A excitação sádica de Herodes mostra sua ansiedade por esse momento. Desde que nasceu ouvia falar dessa tal ameaça de Nazaré, que seu pai morreu acreditando ter exterminado. Agora, numa sala privada, longe dos olhos de todos, Herodes tinha em sua frente Jesus amarrado, indefeso e completamente submisso a ele.

> E interrogava-o com muitas palavras, mas ele nada lhe respondia (Lc 23:9).

O silêncio de Jesus gritava seu desprezo pela autoridade de Herodes. Não era apenas Herodes que ansiava por esse encontro, Jesus já nascera tendo de fugir por causa de tal homem, e ao longo de toda a vida, como um fantasma, esse nome o perseguia – e enfim Jesus estava diante dele, o homem que matara seu pai e seu primo. Mas infelizmente a situação de Jesus não estava muito melhor do que a de seus parentes.

> E estavam os principais dos sacerdotes e os escribas acusando-o com grande veemência (Lc 23:10).

A corte da morte se forma: Herodes, Anás, Caifás, Pilatos, escribas, fariseus, todos reunidos num único intuito – aniquilar a ameaça chamada Jesus.

> E Herodes, com os seus soldados, desprezou-o, e, escarnecendo dele, vestiu-o de uma roupa resplandecente, e tornou a enviá-lo a Pilatos (Lc 23:11).

Eu gostaria de ter informações mais agradáveis para lhe dar, mas infelizmente Herodes teve sua vingança. Ele não podia matá-lo, e nem precisava se preocupar com isso, pois sabia que alguém o faria em breve. Então, sentindo um prazer sádico, com as próprias mãos Herodes espanca, depois humilha, cospe e gargalha, gritando na cara de Jesus: "QUEM É O REI?"

> E, no mesmo dia, Pilatos e Herodes, entre si, se fizeram amigos; pois, dantes, andavam em inimizade um com o outro (Lc 23:12).

A morte de Jesus fortalece os laços de amizade entre seus inimigos.

Jesus está morto!

Seus seguidores fugiram!

Herodes venceu!

Você consegue imaginar como foi aquela noite de sexta-feira?

A família e os discípulos de Jesus viviam num luto desesperado de tê-lo visto sendo espancado e torturado até a morte, enquanto Herodes, provavelmente, dera uma das maiores festas da sua vida em comemoração à captura e à morte do bandido Jesus, saboreando sua vingança.

Imagino que a festa de Herodes tenha atravessado o sábado todo, com música, banquete, bebida, danças, em companhia de presenças importantes como seu novo amigo Pilatos, Anás, Caifás e todos que ajudaram a planejar e executar a morte de Jesus.

A RESSURREIÇÃO

RESSURREIÇÃ

CAPÍTULO 22

Domingo, 17 de abril de 29 d.C. – 7h

Quando terminou o sábado, Maria Madalena, Salomé e Maria, mãe de Tiago, compraram especiarias aromáticas para ungir o corpo de Jesus. No primeiro dia da semana, bem cedo, ao nascer do sol, elas se dirigiram ao sepulcro, perguntando umas às outras: "Quem removerá para nós a pedra da entrada do sepulcro?" Mas, quando foram verificar, viram que a pedra, que era muito grande, havia sido removida. Entrando no sepulcro, viram um jovem vestido de roupas brancas assentado à direita, e ficaram amedrontadas.

"Não tenham medo", disse ele. "Vocês estão procurando Jesus, o Nazareno, que foi crucificado. Ele ressuscitou! Não está aqui. Vejam o lugar onde o haviam posto" (Mc 16:1-6).

Domingo, 17 de abril de 29 d.C. – 11h

Herodes está sentado à mesa tentando tomar café da manhã, com o estômago embrulhado, ainda de ressaca da festa, que durara quase dois dias, mas mantendo um sorriso sádico no rosto, deliciando-se com a lembrança do cheiro do sangue de Jesus.

Até que Cuza, seu braço direito, invade a sala de forma abrupta.

Herodes se assusta e interroga seu funcionário:

– Tá maluco? Entrar aqui assim?

Os olhos de Cuza indicam o medo da notícia que ele traz.

– Desculpe, meu senhor, mas trago notícias perturbadoras.

– DIGA!!!

O silêncio de Cuza e seus olhos trêmulos demonstram pavor.

– DIGA, SEU VERME!!!

– Meu senhor... Só se fala disso na cidade, os guardas já estão em patrulha buscando informações, mas esta noite o corpo do tal Jesus sumiu, e o que estão dizendo por aí é que... que Ele...

Cuza está de cabeça baixa, com a voz embargada, pois sabe da reação que Herodes terá ao ouvir aquilo.

Herodes se levanta, joga os pratos no chão e, aos gritos e sacudindo o servo pelo colarinho, pergunta:

– O QUÊ??? O QUE ESTÃO DIZENDO???

– Tem um bando por aí, todos discípulos daquele lunático, afirmando que nem o medo da morte pode pará-los, assim como não parou o espírito de Jesus. Estão dizendo que ele ressuscitou, que está mais vivo do que nunca, e que continua incitando os seus a se revoltarem contra nós.

* * *

Jesus ressuscitou!

Mas o que isso significa?

É um ponto em comum em toda a fé cristã que, para de fato você ser um cristão, um discípulo, você deve acreditar na ressurreição literal de Jesus. Alguns mais fanáticos vão dizer que, se você não acreditar que Jesus realmente ressuscitou, sua fé não vale nada e você é um herege.

Dirão isso mesmo que você explique sua forma de compreender e experimentar essa ressurreição de Jesus, que vai muito além do campo literal.

Mesmo que essa ressurreição "literal" do corpo de Jesus nunca tenha sido muito bem explicada pelos mesmos fundamentalistas que afirmam tais absurdos.

Pois eu pergunto: O que é uma "ressurreição literal"?

Você conhece alguém que já "ressuscitou literalmente"?

Temos precedentes na história ou na ciência de um fato que nos dê base para dizer o que é "ressuscitar literalmente"?

Bom, a princípio "ressuscitar literalmente" seria um acontecimento em que alguém que estava morto, com o seu coração parado, com seu cérebro completamente inativo, com o seu sangue coagulado e todos os órgãos do seu corpo falecidos, de repente começasse a regenerar todo o tecido, todos os órgãos e toda a estrutura sanguínea; em que de repente seu coração voltasse a bater e seu organismo recomeçasse a produzir vitaminas e hormônios – ou seja, o corpo teria que voltar a ser como era antes de morrer, o de um ser humano como qualquer outro.

Inclusive, como qualquer outro, estaria sujeito novamente à morte.

Mas os relatos que nós temos das aparições de Jesus após sua morte não combinam com essa descrição de uma ressurreição literal.

Os mesmos textos que mostram Jesus comendo, bebendo e conversando também mostram um Jesus ainda com as chagas abertas, com o poder de se teletransportar, e até mesmo voar, visto que foi assim a última vez que os discípulos afirmam terem visto Jesus: voando em direção aos céus.

Perceba que os relatos dos encontros que os discípulos tiveram com Jesus após sua morte combinam muito mais com visões, aparições, sonhos, alucinações, ou até mesmo um encontro com o que nós podemos chamar, de dentro da fé, de "Jesus divino", mas em nenhum momento são encontros entre duas pessoas de carne e osso.

Então: a ressurreição foi literal, ou não?

A resposta mais comum é: ele ressuscitou num corpo glorificado.

Tipo, morreu mas ressuscitou Deus.

Portanto, ele não ressuscitou literalmente, ele morreu e, na perspectiva da fé cristã, em que se acredita que Jesus é Deus, ele voltou à sua essência divina e seus discípulos tiveram encontros não com o Jesus humano, e sim com a divindade que eles acreditavam ser Jesus.

E tais encontros são possíveis até hoje!

As mesmas experiências que os discípulos tiveram após a morte de Jesus – lembrando que cada um o encontrou do seu jeito, à sua maneira – nós também podemos ter (e as temos) até hoje.

Então, sim, para ser discípulo de Jesus você tem que acreditar que ele vive, que a morte imposta sobre ele não foi o suficiente para parar sua causa. É a isso que nos referimos quando dizemos que "Jesus ressuscitou". Afinal, se ele estivesse morto, não estaríamos aqui agora, falando justamente sobre ele.

Então, Jesus vive!

Jesus vive!

Pois seu espírito é tão forte que, seja uma semana ou dois mil anos após sua execução, podemos sentir sua presença.

Jesus vive!

Pois todo medo e horror proposto por Herodes não foi capaz de impedir seus primeiros discípulos de continuar sua luta, fazendo sua mensagem chegar a nós.

Jesus vive!

Pois em toda a história da humanidade, nos momentos mais sombrios, nas eras mais caóticas, sempre existe alguém que se levanta em nome da justiça, inspirado pelo Espírito forte de Jesus.

Jesus vive!

Pois toda a maldade do sistema religioso não foi capaz de nos separar do amor dele. Você e eu já tivemos inúmeros motivos para desistir desse negócio, abandonar essa fé e buscar outro caminho, mas quando menos esperamos Jesus está lá, vivinho, na nossa frente.

Jesus vive.

PARA SABER MAIS

CHEVITARESE, A. L. *Jesus de Nazaré*: o que a história tem a dizer sobre ele. Rio de Janeiro: Menocchio, 2023.

CHOURAQUI, A. *O evangelho segundo São Mateus*. Rio de Janeiro: Imagodei, 1996.

DARK, K. R. *Archaeology of Jesus' Nazareth*. Oxford: Oxford University Press, 2023.

DARK, K. R. *The sisters of Nazareth convent*: a Roman-period, Byzantine, and Crusader site in central Nazareth. Nova York: Routledge, 2021.

FREI BETTO. *Jesus militante*: Evangelho e projeto político do Reino de Deus. Petrópolis: Vozes, 2022.

KAEFER, J. A. *A Bíblia, a arqueologia e a história de Israel e Judá*.

KELLER, T. *Justiça generosa*: a graça de Deus e a justiça social. São Paulo: Vida Nova, 2013.

LOHFINK, G. *Jesus de Nazaré*: o que ele queria? Quem ele era? Petrópolis: Vozes, 2015.

LOURENÇO, F. *Evangelhos apócrifos*: gregos e latinos. São Paulo: Companhia das Letras, 2023.

MARQUERAT, D. *Vida e destino de Jesus de Nazaré*. Petrópolis: Vozes, 2021.

MAZZINGHI, L. *História de Israel*: das origens ao período romano. Petrópolis: Vozes, 2017.

PAGOLA, J. A. *Jesus, aproximação histórica*. Petrópolis: Vozes, 2014.

REI HERODES morreu com doença renal crônica e infecção no pênis, diz estudo. *Folha de S. Paulo*, São Paulo, 28 jan. 2002. Disponível em: https://www1.folha.uol.com.br/fsp/ciencia/fe2801200202.htm – Acesso em: 27 maio 2024.

RODRIGUES, L. Pesquisa com mais de 6 mil moradores de favelas revela medo da Polícia Militar. *Agência Brasil*, Brasília, DF, 28 mar. 2018. Disponível em: https://agenciabrasil.ebc.com.br/geral/noticia/2018-03/pesquisa-com-mais-de-6-mil-moradores-de-favelas-revela-medo-da-policia-militar – Acesso em: 29 maio 2024.

TOGNINI, E. *O período interbíblico*: 400 anos de silêncio profético. São Paulo: Hagnos, 2009.

ESPERO QUE ESTA LEITURA TENHA SIDO UMA EXPERIÊNCIA DIFERENCIADA NA FORMA COMO VOCÊ ENXERGA JESUS, O EVANGELHO E ATÉ A FÉ CRISTÃ.

ENTÃO, NÃO VAMOS PARAR POR AQUI, QUERO CONVIDÁ-LO A ESTAR MAIS PRÓXIMO.

VEJA CONTEÚDOS CURTOS, PROVOCATIVOS E UM POUCO DA MINHA VIDA EM MEU INSTAGRAM:

VEJA VÍDEOS MAIS LONGOS, COM CONTEÚDO MAIS APROFUNDADO, EM MEU CANAL NO YOUTUBE:

ENTRE EM CONTATO COMIGO, PARA CONVITES, PARCERIAS E AFINS, NO MEU E-MAIL:
CONTATOPASTORBERLOFA@GMAIL.COM

QUE DEUS O ABENÇOE,
E QUE A FORÇA DO ESPÍRITO REVOLUCIONÁRIO
DE JESUS DE NAZARÉ INSPIRE SUA VIDA,
HOJE E SEMPRE!

Conecte-se conosco:

facebook.com/editoravozes

@editoravozes

@editora_vozes

youtube.com/editoravozes

+55 24 2233-9033

www.vozes.com.br

Conheça nossas lojas:

www.livrariavozes.com.br

Belo Horizonte – Brasília – Campinas – Cuiabá – Curitiba
Fortaleza – Juiz de Fora – Petrópolis – Recife – São Paulo

EDITORA VOZES LTDA.
Rua Frei Luís, 100 – Centro – Cep 25689-900 – Petrópolis, RJ
Tel.: (24) 2233-9000 – E-mail: vendas@vozes.com.br